사색의 시간 3
고진감래 경험담

인생 역전
분양 신화 辛話

KB193176

"출구를 찾아라. 그러나 항상 절망의 시간, 마지막 순간에 출구가 보인다."

- 마젤란(1480-1521) -

"그러나 출구는 결국 찾는 자에게 찾아온다.

그러기에 노력을 포기하는 순간 당신만 손해 본다.

'지구는 둥글다'를 증명하기 위해 목숨 건 항해를 시도하여 성공한

마젤란은 정말로 위대하고 용감한 탐험가이자 사업가였다."

- 박하성 -

추천사 1

〈인생역전 분양신화〉는 젊은 시절 한국에서 부동산 시행 사업의 성공과 해외에서 사업 성공 및 실패 후 돌아와 천신만고 끝에 다시 한국에서 재기하여 인생의 성공 가도를 달려가고 있는 강철 박하성 대표의 파란만장하고 역동적인 인생의 서사시가 담겨 있다. 이 책은 그의 감동적이고 전투적인 자전적 에세이라고 할 수 있다.

20년 전부터 인연이 있는 박하성 대표는 역동적이고 활력 넘치며 유머러스한 모습으로 언제나 만나는 이들에게 위로와 즐거움을 선사하는 에너자이저이다.

이 책은 삶과 죽음, 만남과 이별, 사업 이야기 등이 교차하면서 만약 내가 영화감독이라면 영화로 만들고 싶을 만큼 스팩타클하며 솔직하다. 다양한 분야의 생생한 체험에 기반한, 삶과 죽음을 넘나든 흥미로운 줄거리는 독자들에게 큰 감동을 전달할 것이라 확신한다.

인생에서 실패를 경험하여 삶을 포기하고 싶을 정도로 의기소침한 모든 청춘들과 좌절을 경험한 40~50대 중장년층 그리고 실패 경험 후 성공적 재기를 꿈꾸는 모든 사람들에게 자신감 회복과 실패를 극복할 방법을 진솔하고 극적인 인생의 이야기로 담은 이 책을 권한다.

2025. 2. 5.

- 강원도 정선에서, 도완녀(첼리스트,민속학 박사)

추천사 2

전국의 분양 사업에 종사하는 사람이라면 강철 박하성의 〈인생역전 분양신화〉를 반드시 읽어 보길 권유해 드린다. 안 읽어 보면 손해 본다고나 할까!

그런 생각이 문뜩 들었다. 입에다가 돈이 되는 것(정보)과 먹을 것을 넣어주어도 독으로 생각해서 뱉는 분들이 간혹 있다. 일모도원(日暮途遠)이라는 격언처럼 갈 길은 먼데 해는 짧다. 짧은 시간에 간접경험을 하는 것은 우리에게 갈 길(실수)을 줄이는 좋은 방법이며 시간을 절약하게 해준다. 현재 우리는 치열한 경쟁 속에서 '번갯불에 콩을 구워 먹을 정도'의 노하우를 배울 수 있어야만 현대를 살아갈 수 있다.

'토끼와 거북이' 동화는 항상 육지에서의 경기를 전제로 한다. 왜 거북이의 소속팀 코치, 감독(?)은 육상 말고 해상에서의 경기를 토끼팀에게 제안하지 못하는가? 이게 강철 대표의 오랜 사색의 결과로 얻은 대표적인 '발상의 전환'으로 보인다. 인간은 누구나 자신감을 갖고 발상의 전환을 통하여 인생의 성공을 이룰 수 있는 노하우를 발견할 수 있다.

해군 장교 근무, 은행 PF 업무 경험, 시행사 대표, 해외 부동산 개발 투자 사업을 경험한 후에 남들과는 다르게 거꾸로 다시 분양업에 투신하여 인생의 성공 가도를 달려가는 강철 대표는 소위 말하는 '분양의 아너스 클럽' 즉 1년 계약 건수 100건 이상, 2년 이내 150건 이상 계약을 3번 연속 달성했다. 이후 부동산개발 전문 지식을 더 넓히고자 이순(耳順)이 지난 나이에도 학업에 열중하여 한국부동산원에서 부동산 개발 전문가 교육을 수료하고 20년 전 시행 사업을 마친 경험이 있음에도 다시 부동산 시행 자격을 취득하였다.

그리고 2023년부터 강릉에서 서울 관악산 캠퍼스까지 2년간 일주일에 두 번씩 장장 8만 킬로의 거리를 불굴의 의지로 운전하며 관악산 서울대 캠퍼스에서 박사과정 수업에 개근하며 학구열을 불태웠다. 그 결과물로 인생 경험의 합작품인 세 권의 철학적 그리고 자전적 에세이 〈사색의 시간〉 2, 3권을 시리즈로 출간한 것이다. 이 책을 읽고 강철 대표의 이러한 불굴의 의지와 용기에 감동한 계약자 한 분이 신뢰감을 가지고 강철 대표가 분양하는 분양가 30억 원의 상가 물건을 매수하는 것을 보았다.

강철 대표는 어느 날 직원들에게 말한다. "어느 바닷가를 내가 지나가다 수익형 생활형 호텔 분양 홍보관에 걸린 현수막 문구를 보니 '우리는 놀면서 돈(임대 수익) 번다'라는 문구가 쓰여 있는 걸 보았는데, 나는 이제 '우리는 공부하면서 돈 번다'라는 문구를 써보겠다"라고 했단다. 그리고 서울대 박사과정에서 공부한 동·서양의 철학자들의 수천 년 사색의 결과물인 지혜들을 모아서 영감을 받고 〈사색의 시간〉 2, 3권 시리즈를 연달아 출간하는 열정을 표출하였다. 분양 사업을 하면서 처음으로 분양 사업에 관한 철학적 접근을 시도한 것이라고 할 수 있다. 강철 대표의 생생한 현장감이 묻어나는 토크와 경험 전달은 교실에서도, 교과서에서도 가르쳐 주지 않는 분양 영업에 관한 철학적 깊이와 현장의 생생한 감각 그리고 유머가 있으며, 정도전의 '불씨잡변(佛氏雜辨)'처럼 분양에 관한 게릴라식 전략과 전술의 잡변(雜辨)을 전개하였다고 볼 수 있다.

한 가지 예를 들면 조선 정약용의 목민심서를 머리맡에 두고 탐독하는 지한파였던 북베트남의 호찌민 수장이 거두었던 승리이다. 그는 객관적으로 보아 전력에서 열세임에도 불구하고, 당시 세계 최강 군사 대국인 미군을 상대로 손자병법에도 없는 전략과 전술로 전쟁에서 승리하는 지혜와, 용기, 끈기, 열정을 보여준 역사적 사례가 있는데 이것은 분양 세계 현장에서도 매우 중요하며 필요한 것이라고 역설한다.

강철 대표의 전략과 지혜, 노하우, 그리고 모든 사람이 Yes와 긍정의 마인드로 사유할 때, 부정과 No의 사고로 다른 길을 찾는 선구적 자세는 는 분명 관심 깊게 볼 필요가 있다고 본다. 트럼프가 지난번 두 번의 미국 대선에서 쟁쟁한 힐러리와 해리스를 이기는 앞날의 선거 결과를 정확히 예측했던 강철 대표의 예지력은 의외로 상식을 갖춘 영업맨이라면 능히 예측 가능할 수도 있다는 생각이 들었다. 영업도 미래의 결과를 예측한다면 반드시 성공할 수 있다고 본다. 그러나 대부분의 영업맨은 그렇지 못하다. 고구려가 당나라 백만대군을 쳐부수는 노하우의 역사적 사례들을 지금도 부동산 분양 사업 및 모든 영업 분야에 기민하고 확실하게 응용한다면 큰 성공을 거둘 수가 있다고 확신한다.

2025. 2. 4.
- 주식회사 JK시그니처 대표이사 장두연

작가의 말

〈인생역전 분양신화〉를 펴내며

 인간은 은퇴 후에도 이전처럼 집 밖으로 나가 직장에 출근하듯이 어떤 일이라도 해야만 더 즐겁게 살 수가 있으며, 그리고 은퇴 후에 이것저것 가리지 않고 지금까지 경험하지 못한 다른 분야에서 자기가 해보고 싶었던 일을 한다면, 어디든지 출근할 곳만 있다면, 행복한 인생 경험이라고 많은 분들이 말한다. 은퇴자들에게 그곳, 제2인생의 장에서는 돈을 버는 것이 제1의 목적은 아니다. 사람은 회사든 경로당이건 간에 그곳에 자신의 이름을 각인시키고 동료들로부터 인정받고 싶은 명예욕이 발동한다. 돈은 큰 문제가 아니다.

 그러나 노년 인구 중 대부분이 노후대비가 안 됐다는 통계발표를 보면 노후에도 돈을 벌어야 생활이 되는 많은 분들이 존재함을 알 수 있다. 그래서 그런지 분양업 종사 여성 중 육십 대 이상 은퇴자들도 많다. 그리고 그 일은 그들에게 짭짤한 수익을 가져다주는 경우가 많아서 새로운 사업으로 다가온다.

'계약은 인격이다'라는 분양의 철학적 논의를 전개하기에 앞서, 우리는 최근에 옳고 그름을 구분 못 하는 정치인들의 비양심적이고 비겁한 태도에 실망한다. 옳고 그름이 분명한 상황에서 황당하게도 양비론을 주장하는 경우를 너무도 많이 보았다. 즉 분명 옳고 그름이 존재하는데 이쪽도 잘못했고 저쪽도 잘못했다고 싸잡아 비판하는 식의 태도이다. 세상 모든 일에는 이런 경우가 존재하며 여기서 우리는 솔직하고 올바른 생각이 살아있어야 사회가 정의로울 수 있음을 알 수 있다. 이런 양심 불량의 사람들이 있는 한 혼란이 이어지겠지만 이 또한 언젠가는 바로 정리된다는 사실을 역사적 경험으로 안다.

선악을 구별 못 하게 만드는 비양심적이고 비겁한 행동을 하는 정치인들의 행동을 바로잡아야 한다. 속담에 '방귀 뀐 놈이 성낸다'라는 말이 있는데 지금은 방귀를 뀐 사람이 나는 안 끼었다고 우기는 경우가 너무도 많다. 심지어 옆 사람이 낀 거라고 우긴다면 심증은 있지만, 물증이 없는 상태에서 이를 어떻게 빨리 확인할 수 있을까? 여러모로 안타까운 형국이지만 기어코 진실이 승리하리라 믿는다.

'최고의 기쁨을 주는 존재들'이란 제목으로 사업을 시작하려는 '젊은 청춘들'에게 올바른 정신과 소신이 있어야만 사업과 인생에서 성공한다는 믿음에서 다음과 같은 조언과 격려를 보낸다.

너희는 기성세대들에게 최고의 기쁨을 주는 존재들이다.

너희 젊은이들은 기성세대인 우리에게 최고의 기쁨을 주는 희망의 존재들임을 기억하고 스스로 자존감을 느끼고 살아라.

사랑하는 이 땅의 젊은 친구들이여!

인생에서 꿈을 펼치려 노력하여라.

하고 싶은 일을 찾아 일하며 살아라.

지금 하는 일에 너희들이 만족한다면 다행스러운 일이지만 혹 새로운 사업과 일을 시작하고자 할 때는 주변 어른들과 반드시 한 번 이상은 상의를 하여라! 손해보다는 이익이 클 것이다. 가까운 곳에 부모·형제가 있다면 그들과 상의하고 없으면 주변 어른분과 의논하여라!

일하고 싶지 않을 때나, 하기 싫은 일을 해야 할 경우가 생기면 과감하게 그만두라. 그리고 차라리 휴식을 취하라. 그리하여도 밥을 굶는 일은 없을 것이니, 안심하고 휴식을 취하며 사색하고 마음의 갈등과 고민을 정리하여라. 최악의 경우에도 굶어서 죽을 일은 없을 것이다. 국가에서 밥은 먹여 줄 것이기 때문이다! 대신에 어떤 고난과 역경이 닥쳐도 절대로 삶은 포기하지 말고 끝까지 버티고 출구를 찾으려 노력하라. 우리 조상 선조들은 왜란과 외적의 침략과 수많은 전쟁 속에서도 기아와 질병과 사투를 벌이며 이 땅을 지켜왔다는 역사적 사실을 망각해선 안 된다. 그리고 다음 구절을 명심하여라.

'중도에 포기하면 너희들만 손해 본다.'

너희들이 옳다고 생각하면 '옳다' 말하고 그렇지 않으면 '아니다'라고 하여라! 누군가 너희들에게 네 앞으로 지나가는 것이 무엇이냐? 하고 묻는다면 너희들은 간신처럼 말하지 말고 분명하게 보이는 대로 말하라! 사슴(鹿)이 지나가면 '사슴'이라 말하고 말(馬)이 지나가면 '말'이라고 사실대로 말하여라. 혹시 잘 안 보이거나 애매하게 보여서 구분이 잘 안 되는 경우에는 '당나귀'라고 짐작하여 말하지 말고, 분명하게 '잘 모른다'고 말하여라! 혹은 '아이 돈 노우(I Don't know)'라고 하여라.

요즘 모두가 덩달아 어떤 주장과 의견에 대하여 'Yes'라고 말할 때, 너희가 보기에는 'No'라고 생각되면 너희들은 차라리 혼자라도 'No'라고 말할 수 있는 용기와 통찰력을 가져라. 그리고 'No'라고 말할 만한 한가지 독창적 이유를 찾으며, 인생을 살아가거라. 항상 평범함을 거부하려고 노력해야 한다. 그래야만 미래에 너희 세대는 인생의 성공 가도를 달릴 수 있다. 그것이 너희들의 존재가치를 높이고 인생에서 성공할 수 있는 노하우이다.

요즘 TV에 자주 나오는 일부 정치인, 관료들처럼 비양심적으로 삶을 살지는 말아라! 그러기에는 인생이 너무 초라하다. 비겁하고, 용기도 없으며, 소신도 없고, 상대방의 눈치를 보며, 상식 이하로 행동하며, 앞뒤가 틀린 말을 하며, 후안무치(厚顔無恥)하고 비겁한 태도로 소중한 인생을 낭비하며 살지 말아라.

인생은 한 번뿐이다. 다시 청춘의 시절로 되돌아갈 수는 없다. 사실은 되돌아갈 필요도 없다. 나에게 왜냐고 묻는다면 나의 답은 '너희도 살아보면 저절로 알게 된다'이다.

누군가 너희들에게 부정을 강요한다고 하여도, 너희들의 평소 자신의 소신과 용기를 꺾는 행동은 하지 말고 용감하게 살아라! 그러면 지금 당장은 조금 힘들어도 내일은 편해질 것이다. 조금 기다리면 반드시 너희에게 성공할 기회가 올 것이다.

인생사는 새옹지마이니 급하게 서두르지 말고 살아라. 진인사대천명(盡人事待天命)의 자세로 살면 좋을 것이다. 급하게 살지 말고 때론 느긋하게 청춘을 즐기며 살아라. 젊은이는 보통 20~30살의 나이면 각자도생(各自圖生)할 나이이다. 스스로 자신의 독립된 알찬 세계를 만들고, 스스로 주인이 되어 주인답게 인생을 멋지게 살아라. 삶은 모두에게 두 번 다시 오지 않는다. 현재의 순간이 소중한 삶이니 최선을 다하여라.

시간이 나면 계획을 잘 세워서 젊은 너희를 만든 기성세대 어른들처럼 젊은 너희들도 너희 같은 '소중한 보물'을 가능한 한 많이 만들어 보아라! 너희도 나이가 들어 기성세대가 되면, 네가 못 이룬 꿈들을 나중에 이 보물들이 대신 이루어질 수도 있기 때문이다.

그래서 이 일은 미래를 위한 투자이기도 하지만 사실은 이 세상이 유지되는 중요 이유이다. 예를 들어 이런 보물들이 없다면 당장 누가 너희들의 장례를 치러주겠느냐? 많이 낳아라! 이제는 국가에서 책임질 것이다.

이 세상에 태어나서 인간의 처음 하는 파티(출생기념 파티)가 돌잔 치라면, 살아서 인생의 마지막 죽음을 즐기는 파티는 아직 없다. 그러나 마지막 즐거운 죽음기념 파티가 존재한다면 그것은 아모르 파티일 것이다. 운명을 사랑하며 후회 없는 즐거운 삶을 살자. 인생은 한 번뿐이다!

니체의 주장처럼 운명을 사랑하며 춤추듯 살아가며 죽음을 맞이하자. 히트곡 아모르 파티의 가사처럼 '연애는 필수, 결혼은 선택, 죽음은 운명'처럼 말이다. 라틴어인 다음 세 가지 말들은 우리 인간에게 삶을 어떻게 살다가 하직할 것인가에 대한 심오한 함축적 의미를 간직하고 있다.

*아모르 파티(AMOR FATI)*는 운명을 사랑하라는 의미이다. 우리는 인생의 죽음 사건, 운명을 긍정적으로 받아들이고 그것을 사랑, 수용하는 태도를 가지고, 이를 통해 삶의 도전과 역경을 이길 수 있고 그로 인해 성장 발전할 수 있다.

*메멘토 모리(MEMENTO MORI)*는 죽음을 기억하라는 의미이다. 그러면 우리는 현재 순간을 귀중하고 소중하게 여기고 감사하며 살아갈 것이다. 죽음 앞에선 우리의 행동과 선택에 대한 중요성을 강조한다.

*카르페디엠(CARPE DIEM)*은 오늘을 즐기라는 라틴어이다. 로마 시인 호라티우스의 시에서 유래하였으며, 현재 순간을 귀중히 여기며 최대한 활용하라는 의미이다.

나는 앞으로 현재 구상 중인 〈사색의 시간〉 시리즈 제4권에서 '운명 사랑', '죽음 기억', '오늘을 즐기기'에 대한 현실적인 사업 구상과 계획을 현실화할 이야기를 펼칠 것이다.

2025. 3.

강릉 오죽헌 뒷마을 문성골에서

江哲 박하성

차례

프롤로그

2024년에 〈사색의 시간〉을 출간하면서 필자는 '인간이란 무엇인가? 나는 누구인가?'라는 문제로 고민하였으며, 2025년 2월 출간한 〈삶과 죽음에 관한 생생진담〉에서는 인간의 죽음에 대하여, 동전의 양면성 같은 문제인 삶과 죽음을 사색하며 논의를 전개하였다. 특히 필자의 구사일생한 개인 경험을 서술하며 죽음의 운명적 요소와 죽음을 웃으며 맞이하고 보내는 방법에 대하여 고민하고 탐구해 보았다.

이런 과정에서 나의 머릿속에 스쳐 지나가는 또 다른 아이디어가 떠올랐다. 그것은 지금까지 반평생을 존재해 오면서 나의 삶 속에서 실제로 나는 어떤 일을 하며 살아왔고, 필리핀에서 위험에 처해가면서 시도한 사업이 성공과 실패를 반복하여, 다시 한국으로 귀국 후, 실패를 극복하고 재기한 10여 년의 극적인 경험담, 신(辛: 맵지만 감당할 만한) 화(話: 이야기) 이야기에 관한 것이다.

그것은 아이러니하게도 필리핀에 가기 전에, 한국에서 성공해 보았던, 부동산 개발과 시행사업이었다. 이런 이야기들과 체험담에 대한 약간의 철학적 관찰, 이것이 이번에 출간하는 〈인생역전 분양신화〉의 주요 내용이다.

필자가 보기에는 인간사(人間事) 모든 일은 영업, 판매와 밀접한 관계가 있다. 연구소의 박사, 큰 병원 의사, 대학교 교수, 사업가, 변호사 등 모든 분야의 전문직 종사자들도 영업 마인드가 없다면, 요즘 세상을 살아가기 힘들다. 왜냐하면 우리는 모두 자본주의 사회에 살고 있기 때문이다. 계약·실적만이 살길인 것이다.

어느 순간부터 대학교수가 수능시험이 끝나면 전국고등학교를 찾아다니며 학생들을 우리 대학에 보내 달라고 영업을 한다. 어느 순간 IMF 사태 이후 우리 사회에는 고액 연봉자들이 등장한다. 같은 회사원으로 입사했는데 어느 순간 직원의 능력과 실적에 따라서 어떤 직원은 15억 원의 연봉을 받고 어떤 직원은 1~2억 원의 연봉을 받는다. 상상도 못 하는 능력주의 우선 시대가 온 것이다. 회사에 기여한 만큼 수당을 받는 구조는 자본주의의 핵심 정신이 아닐까? 마치 프로 스포츠 선수들처럼 말이다.

그런 실적에 따른 수당을 받는 구조가 분명하게 적용되는 분야가 부동산 분양(계약) 세계 분야다. 각자 직원들은 본인의 노력에 따라 억대에서 수십억대의 수익을 올리기도 한다. 이래서 '계약만이 살길'이라고 외치던 직원들의 인격은 수백 개의 계약을 달성하면서 그들 스스로의 인격을 엄청나게 높였다고 볼 수 있다.

1년에 150건 이상 계약을 달성하면 그 직원은 소위 말하는 분양계의 아너스클럽에 가입하는 것으로 부른다. 1~2번 가칭 '아너스클럽'에 가입하면 인생을 잘 살아갈 수가 있다. 남들이 보기에는 계약을 많이 쓴 직원은 운이 좋아서라고 단순히 말할 수 있지만, 필자가 보기에는 아니다. 그런 고수익을 올리는 사람들은 어디 현장을 가나 항상 그러하다. 그들의 모습을 다른 직원과 비교해 본다면 인격이 다르게 보인다.

즉, 인간의 격이 다르다는 말을 이해하기 위해서는, 자본주의 사회에서 영업활동에 대한 철학적 관찰과 분석이 필요하다는 것을 주장하고 싶다. 그리고 이런 마음으로 분양 사업에 대한 지금까지의 필자의 생생한 경험담을 중심으로 흥미로운 분양잡변의 담론을 전개하고자 한다.

필자는 필리핀에 가기 전 한국에서 부동산 개발 시행사업을 하였다. 당시에 분양 사업에 대하여 나는 단순 판매업으로 잘못 생각하여서 그것을 하찮은 사업으로 간주하고 쳐다보지도 않았다. 당시에 나는 원대한 디벨로퍼로서의 시행개발의 꿈이 있었으며, 판매하는 일은 나의 영역이 아니라는 오만한 생각을 하고 있었다. 하지만 지금 다시 뒤돌아 생각해 보면 당시 거금의 투자를 받은 상황에서 이런 위험한 시행개발 사업을 하지 말고 차라리 안정적이고 고수익이 가능한 분양 사업을 전개하였다면 인생의 상황은 많이 달라졌을 수도 있었다.

현재 분양 영업 전문가는 예를 들어서 분양 사업을 성공하여 10억 원을 벌었다고 가정한다면 그 돈을 밑천으로 땅을 사서 개발하고 은행에서 프로젝트파이낸싱(P.F)을 받아서 건설사와 시공계약을 한다. 그 후 홍보관을 건설하고 분양을 개시하는데 분양에 성공하면 대박이고 분양에 실패하면 쪽박을 찬다. 그래서 차라리 그럴 바에는 분양 사업에 몰두하여 안정적으로 분양 사업을 계속 전개하는 것도 좋은 방법이라는 것을 추후에야 깨달았다.

그러나 아직도 인생 대박을 꿈꾸며 분양 사업에는 무관심하고 개발시행사업에만 전력하는 많은 부동산 개발 시행 사업가들이 많다. 사실은 부동산 개발시행사업은 자본금 규모에 따라 다양하기 때문에 선택의 문제가 있으며 아무나 시도할 수 없는 경우가 많다.

최근 고객의 요구를 파악하고 제품의 질을 개선하려면 고객과 직접 접촉하여 귀담아듣는 과정이 분명 필요하다. 그래서 하버드대에서 박사학위를 받은 공대 출신 제품개발 연구원들도 대기업에 입사하면 현장에서 TV, 냉장고, 세탁기, 자동차 등을 고객에게 판매해보는 세일즈 경험을 신입직원 교육시간에 해보도록 한다. 물건을 판매하는 행위는 천한 것이 아니다. 우리 유교적 전통에서는 사농공상(士農工商) 이란 단어를 보면 알 수 있듯이 상(商)을 마지막에 부르며, 상업을 무시했던 관념이 뿌리 깊게 우리에게 남아 있다.

그리고 의식주(衣食住) 개념도 순서가 바뀌어야 하는 시대가 도래하였다. 이 개념에서 가장 중요한 것이 요즘은 주택일 것이다. 요즘 청년들이 영끌하여 집, 아파트를 은행에서 대출받아서 매수하는 모습들이 이를 반증한다. 그다음 중요시하는 것은 식(食)이 아닐까? 맛집 탐방을 하기 위해 식당 앞에 몇 시간씩 길게 줄을 서서 기다린다. 초창기에는 이런 현상을 기성세대들은 잘 이해도 하지 못했던 현상들이다.

의…식…주(衣食住)를 주…식…의(宙食衣)로 우선순위를 변경해서 사용해야 한다고 주장한다. 사농공상(士農工商)도 오늘날의 중요성을 고려하여 상공농사(商工農士)로 순서를 바꿔 사용하여야 우리의 의식이 진정한 자본주의 정신과 일치한다고 생각한다. 유교 종주국인 중국과 유교권 변방의 나라인 일본에서도 우리의 허례허식적 유교 관념은 통하지 않는다. 실사구시(實事求是)를 중요하게 여겨야 한다.

사실적으로 표현하여 우리에게 먹고살기 위해 가장 중요한 것은 무엇인가? '먹사니즘'에 대해 생각해보면 우리는 자원이 없기에 두뇌를 사용하여 기술, 아이디어 등 돈이 되는 것을 외국에 팔아서 생존해야 한다. 이스라엘을 보면 아랍 지역 중 유일하게 석유 한 방울 나지 않지만, 그런 땅에서 생존하며 강대국으로 어떻게 자리 잡았는지 생각해보자!

우리도 마찬가지다. 주어진 환경이 좋지 않지만 우리는 생존하기 위해 기술 개발에 몰두하며 수출에 매진하였다. 지금도 마찬가지로 수출만이 살길이지만, 1970년대 우리는 '수출만이 살길'이라고 강하게 외쳤다. 요즘 '계약만이 살길'이라고 외치는 분양 영업전문가와 본질적으로는 다를 게 없다는 점을 지적한다. 필자가 보기에 모든 게 영업이다. 그리고 인생은 영업의 결과에 따라 인격이 달라진다. 따라서 영업의 결과로 나타난 것이 계약이니까 '계약은 인격'이라는 논리가 성립된다.

우리는 먼저 '분양'의 사전적 정의를 알고 논의를 전개하여야 한다. 매매, 판매라는 단어를 쓰지 않고 분양이라는 단어를 사용한 것은 의미가 다르기 때문이다. 판매는 기존 건물을 구매 즉시 입주가 가능한 건물을 판매한다고 할 때 사용한다. 분양은 신축건물 소유권 취득, 최신 시설을 갖춘 건물의 소유권을 취득하는 것을 말한다.

즉, 건축 중이거나 건축이 완료된 상태에서 구매자가 소유권을 확보하는 방식이다. 분양의 장점은 최신 시설을 갖춘 신축건물을 소유할 수 있다는 장점이 있다. 또한 초기 투자 비용이 매매보다는 낮다는 점에서 매력이 있다. 그리고 맞춤제작(Customizing)이 가능하다는 점이다.

분양에도 단점은 존재한다. 먼저 입주까지 시간이 소요된다. 건물이 완공될 때까지 보통 2~3년을 기다려야 한다. 다른 단점은 건물이 완성되기 전까지 눈으로 확인이 불가하다. 또 다른 단점은 주변 환경과 시설들, 즉 인프라가 아직 구축이 안 돼서 신축단지의 경우에는 입주 초기에는 불편한 점이 많다는 점이다.

따라서 개인들은 분양을 받을 것인가, 기존 건물을 살 것인가 선택을 하여야 한다. 선택 시 개인은 미래가치, 위치와 인프라, 개인 상황에 따라서 본인에게 가장 유리한 선택을 할 것이다. 그리고 개인들이 부동산 건물을 구매할 때 분양을 선택한다면 홍보관을 찾아서 분양 회사, 분양 직원을 만나 상담을 한 다음 계약을 할 것이다. 개인이 부동산 매수를 선택한다면 공인부동산중개사나, 부동산 소유주를 직접 만나 상담 후 계약을 할 것이다. 그 과정에서 기업들은 직원들이 현장에서 얻은 경험과 고객의 요구사항을 반영하여 신제품 개발할 때 생생(生生)한 고객의 아이디어를 활용한다.

나는 당시에 시행사업을 하면서 분양대행사, 분양직원을 처음 알게 되었고, 아래 직원으로 바라보았으며 내가 갑이고 그들을 을로 보았다고 할 수 있다. 그런데 필리핀에서 사업 실패 후 귀국하여 내가 다시 분양 직원, 분양 팀장, 본부장, 분양대행사 사장으로 되는 인생 역전의 과정은 인생의 새옹지마, 인생의 아이러니가 아닐 수 없다. 음지가 양지 되고 양지가 음지 된다는 말처럼 인생은 변화무쌍한 것이다. 귀국 후 분양 사업이 나에게 재기의 발판을 마련해주었고 실패를 극복하는 결정적 기회를 가져다주었다.

그래서 이번 〈인생역전 분양신화〉에서는 분양 사업과 그 속에서 경험한 프리랜서 직업인 분양인들의 다양한 모습과 현장에서의 에피소드 등 영화와 같은 인간들의 진실과 거짓, 거기서 경험한 재미있고 때로는 놀라운 이야기들을 해보고자 한다. 부동산을 판매하고 상담하는 컨설턴트이자 프리랜서인 사업가(분양인)들의 생생한 이야기들인 만큼 흥미로울 것이다. 그들에게는 휴식은 있어도 정년은 없다는 공통점이 있다.

나는 원대한 비지니스의 꿈을 가지고 처음 시도한 해외 부동산 개발 시행 국가인 필리핀에서의 사업에서 실패하여 위태로웠던 순간을 경험하였으며 해외에서 죽을 고비도 넘겼다. 그러나 조상님들의 보호로 그곳을 벗어나 한국에 다시 돌아올 수 있었다. 그리고 선택한 일이 부동산 분양 사업이었다. 필자는 이 분양 사업으로 재기하였고, 내가 재기한 경험에 비추어 볼 때 분양 사업은 누구라도 도전해 볼 만하다고 생각이 들어서 이 경험담을 전하는 이유이기도 하다.

부동산 개발 시행사업은 이전에는 한 번 성공하여 나에게 부(富)를 가져다주기도 했지만, 그것은 고위험 하이리턴한 사업이었다. 그러나 여기서 이야기하려는 분양 사업은 상대적으로 리스크가 적고 때에 따라서는 고수익의 결과를 가져다주는 사업이다. 실패의 가능성이 적은 부동산 판매 영업 분야(분양 사업)인 것이다.

독자들에게는 이 모든 설명이 생소한 분야의 이야기로 들릴 수도 있지만, 우리는 모두 부동산을 사고, 판 경험들이 한 번쯤은 있다. 그 과정에서 만난 사람들을 뒤돌아서 생각해보면 내가 하는 이야기가 쉽게 이해될 것으로 생각한다.

독자들의 부동산 투자 행위의 결과는 자신들에게 부(富)를, 때로는 손해(損害)를 가져다주었을 것이다. 필자는 그 과정에서 독자들이 만났던 많은 부동산 소개자, 전문 프리랜서 분양인, 부동산 전문가, 컨설턴트 등을 기억한다면, 앞으로 전개될 나의 방대한 분양 사업 경험담이 생소한 이야기가 아닌 친숙한 삶의 이야기가 될 것이다. 이 점을 독자들에게 다시 한번 환기하며 이 글을 시작한다.

부동산 개발·시행 사업 입문

- 한국인은 외상이면 소도 잡아먹는다

1997년 내가 살던 대한민국에 발생한 IMF(국제통화기금) 사태로 말미암아 우리나라는 외환위기와 대기업 부도 사태를 경험하며 실업 자가 증가하는 참담한 시기를 보내고 있었다.

그러나 내리막이 있으면 오르막이 있고 밤이 지나면 아침이 오듯 우리는 어두운 터널을 빠져나오며 대망의 밀레니엄 시기를 맞이한다. 당시 한국의 상황은 2,000년 밀레니엄 시대를 맞이하며 벤처사업과 은행의 카드영업 부동산 등이 활성화되어 성공하고 있었다. 물론 이 는 추후 사기성 벤처기술, 카드대란 등으로 부작용이 나타나 많은 문 제를 노출 시키기도 하였다.

이 시기 계약금 10%만 있으면 땅을 사서 은행에서 대출을 받아 건물을 짓고 후분양이 아닌 선분양하는 부동산 시행 개발 사업이 활황으로 이어진다. 엄밀히 말한다면 개발사업과 은행카드는 비슷한 면이 있다 두 가지 모두 외상이라는 일면이 있다. 즉, 카드는 먼저 쓰고 나중에 갚고, 개발사업도 계약금만 먼저 지급한 다음 건물이 준공되면 그 후에 지급하는 것이다. 당시 이 사업 구조는 개인으로 말하면 외상으로 먼저 사고 나중에 상환하는 구조였다.

이와 관련한 우리 속담이 있는데 이는 정말 대단하다. 왜냐하면 필자는 1990년 당시 은행에 근무하고 있었다. 당시 마스터 비자 카드가 도입되면서 카드사업이 은행의 새로운 유망사업으로 떠오르고 있었다. 당시 기억에 마스터 카드는 호주에, 그리고 비자카드는 미국에 본사가 있었다. 나는 당시 카드사업 관련 세미나 설명회에 참석할 기회가 있었다. 여기서 들은 놀라운 이야기, 그러나 우리에게는 이미 평범한 속담을 외국인에게 들었다. 그것은 '한국인은 외상이면 소도 잡아먹는다'는 말이다. 그 외국인은 한국에서 카드사업은 절대 망할 수 없다고 하였다.

"Korean people like a run a tap(외상), they 'Koreans eat cows on credit' so the credit card business can't go bankrupt."

당시 우리는 모두 그 말을 듣고 웃었다. 은행 간부 중 다수는 카드 도입에 대해 심히 부실을 우려하였다. 나중에 외상으로 소 잡아먹고 안 갚으면 어쩌나? 망할 수도 있지 않을까? 이렇게 생각하며 부정적으로 보는 분들도 있었다. 그러나 그런 걱정은 기우에 불과하였다. 지금 생각해보시라! 신용카드 없는 생활이 상상이 되는가? 해보지도 않은 상태에서 벌써 걱정을 한다. 故 정주영 회장도 이런 소심한 인간들에게 항상 "이봐! 해보기는 해봤어?"라고 일갈한다.

30여 년 전 그 외국 카드 전문가가 말한 '한국인은 외상이면 소도 잡아먹는다'라는 말은 한국인의 대범성, 과감성, 투기성, 빨리빨리 성향 등을 보여주는 단적인 예이다. 그래서 그런지 카드사업은 엄청나게 발전하며 오늘도 우리의 생활과 밀접하게 연결되어 있다. 카드가 없으면 밥도 먹지를 못하고 외출을 할 수 없는 카드 전성시대에 살고 있다. 유행가 가사에 '나에게 애인이 없다면 살 수 없다'는 말이 있는데 애인이 카드로 바뀐 지 오래되었다. 정말 이제는 카드 없이는 존재할 수 없는 시대가 도래하였다.

한국 사람인 우리가 어릴 때부터 외상을 얼마나 좋아했는지 쉽게 안다. 우리는 외상을 공짜라고 생각하기도 한다. 어릴 적 시골에서 어른들이 어린 아이들에게 부탁하며 "막걸리 한 주전자를 사 오라"

며 돈도 안 준다. 당시 동네 어른들이 사용했던 표현도 막걸리 사 오라는 것이 아니라 '막걸리 한 되 외상으로 받아오라'는 것이었다. 외상인지 오상인지 잘 알 수도 없는 어린아이에게 더 황당한 것은 그것을 사러 동네 주막에 가면 주인아줌마가 그냥 준다는 것이다. 사인도 없다. 그게 가능하며 통용이 된 시절의 경험담이다.

심부름하는 나는 황당함을 느꼈다. 막걸리 사 오다가 황당하고 힘들어서 한 모금 몰래 마셨다. '친구야! 일단 먹고 보자! 먹는 게 임자다! 먹고 보자!' 등 어린아이도 학교나 집 근처 구멍가게에서 돈이 없으면 외상이 가능했다. 그리고 유치원생은 외상을 '오상'으로 발음하며 어린 시절부터 외상을 따라 배운다. "엄마, 나 돈이 없어서 앞 슈퍼에서 아이스크림 외상했어. 엄마가 갚아줘!" "알았어 내 앞으로 달아놓고 먹어!" 등의 재미있는 대화가 오가기도 한다. 한국인의 외상에 대한 선호도는 대단해 보인다. 어린아이들은 처음에 외상이란 단어는 잘 모르기에 오상으로 발음하기도 한다. 그러나 중요한 사실은 돈을 안 내도 가게주인을 잘 알면 외상으로 먼저 먹을 수 있다는 사실을 어릴 때부터 안다는 점이다.

이렇듯 우리나라는 외상 공화국이었다. 현재는 각박해져서 외상이 없어져 간다. 어음 발행, 카드사용, 부동산분양계약 등의 분야는 외상사업 성격이 강하여 한국인의 외상을 좋아하는 성격과 부합하였기에 당시 이런 사업들은 활황기를 맞이하여 대성공을 거두었다.

그 시기에 필자는 은행에 근무하며, 태어나 처음 겪는 국가 부도 상황에서 철밥통 같았던 은행과 대기업의 부도로 젊은 나이에 해고되는 슬픈 샐러리맨들의 힘없는 모습을 생생히 목격하며 깊은 고민을 하며 지내고 있었다. 영원한 직장은 없으며, 임시직이 생기고 정규직, 비정규직 직원들이 생겨나며 같이 일을 하는데도 급여 차이가 크게 나는 슬픈 사실들을 목격한다. 정년 보장은 없어져 가고 그야말로 월급쟁이는 파리목숨처럼 언제 해고될지도 모르는 시대가 왔다.

그러던 시기에 은행에서는 부동산 개발 프로젝트 자금조달(PF)사업이 도입되어 부동산 개발 영업이 활황이었다. 이 사업도 본질에서 앞에서 언급한 외상 성격의 사업이다. 그러니 실패할 가능성이 작아 보였다. 우리는 외상을 좋아하는 민족이니까 말이다. 간단히 말해 은행에서 거액의 땅값을 10% 계약금만 주고 땅을 매수해 오는 시행사 사장에게 대출을 해주고, 시행사 사장은 대출을 받아서 땅값을 완불한 후에 시공회사를 찾아서 도급계약을 체결하여, 시공사와 아파트·오피스텔·호텔 등의 사업을 시행, 시공하게 하면 된다. 그리고 공

사 전에 분양인들을 모집하여 부동산을 판매, 분양하고 사업이익을 발생시켜서 분배하는 사업 구조이다

자금은 은행이나 금융사에서 관리한다. 건물이 시공되어 분양되면, 준공 후 사업이익을 사업을 주도한 시행사가 공사비 등 비용을 제외하고 가져가는 구조이다. 당시는 부동산이 상승기여서 시행사는 시행 한 건으로 막대한 이익을 벌어들였다. 그리고 그런 시행사들이 건설회사인 시공사와 은행과 협의하여 대출을 받아서 토지를 매입하며 테헤란로 빈자리에 고층건물들을 세워나갔다. 그리고 사전에 분양하여 성공을 거두었다. 이는 적은 돈으로 은행의 자금을 활용하여 몇 배의 수익을 낼 수 있는 분명 괜찮아 보이는 사업이었다.

은행에서 대출 담당 업무를 하던 중, 나는 우연한 기회에 투자자로부터 스카우트 제의가 들어왔다. 그러나 대부분 은행원은 같은 조건의 이러한 제의를 수용할 배포가 없어서 거절하였다. 나는 망설이지 않고 어느 날 바로 사표를 제출하였다. 며칠 후 투자를 받아서 시행사의 CEO로서 시행회사를 설립하고 사업가로서 테헤란로 역삼동에서 새로운 출발을 하였다. 그리고 두 건의 시행사업을 마무리하였다. 또한 그 와중에서 인맥 쌓기의 목적으로 대학원 최고과정을 3곳 다니면서, 많은 문화, 예술, 연예인 등 다방면의 인물과 교류하였다.

당시 2003년 만난 많은 훌륭한 분 중 기억에 남은 동기로는 탤런트 고 김수미 회장(2024.10. 작고), 연극배우 박정자 님, 윤석화 님, 그리고 서울음대 출신인 강원도 정선에서 거주하는 '메주와 첼리스트'의 도완녀 사업가 등이다. 도완녀 누님은 2024년 70세에 서울 굿으로 안동대 민속학과에서 민속학 박사학위를 따고 지금은 무당으로 활동하신다. 이외에도 수많은 훌륭한 유명 인사를 만나서 교류하며 인생의 40대 시절을 보낸 경험이 있다. 지금 2025년 새해에도 필자는 배움에 대한 열정으로 ○○불교 대학에 입학하여 1년의 기간을 공부하고 있다.

처음 시행을 시작한 곳은 경기도 성남이었다. 인허가 과정에서 매우 어려웠으며 관공서, 특히 건축과 직원들의 보이지 않는 횡포가 심하였다. 인허가를 받기도 어려웠으며 자신들이 허가한 것을 나중에 뒤집기도 한다. 그런 과정에서 난 태어나 처음으로 많은 스트레스를 받았고 손가락에 백반 현상이 나타나기도 하였다. 담당 공무원들은 애간장을 태우게 하였다. 투명하고 공정하며 객관적인 사업의 진행과 일 처리가 잘 안 되기도 하였다. 그러나 그것도 3년의 세월이 흐르니 어느새 마무리된다. 그리고 다시는 한국에서는 시행사업을 하지 않으리라 다짐하고 조금은 쉬워 보였던 필리핀으로 해외사업을 위해서 과감히 떠나고 말았다. 나중에 알았지만 필리핀은 만만한 곳이 아니었다. 부정부패와 뒷거래 등이 더 판치는 곳이고 안되는 것, 되는 것도 없는 곳이었다고나 할까! 치안이 위험하고 목숨이 위태로운 곳이었다. 한국에서의 힘들었던 시행 경험이 나를 필리핀에 진출하게 한 원인 중의 하나이기도 하였다.

그 과정에서 시행사업으로 먼저 성공한 이○○ 회장을 모임에서 알게 되었다. 그는 '건국대 부동산 최고과정'에 다녔다. 젊은 불혹의 나이 사십을 넘긴 우리는 개발사업을 구상하며 의기투합하였다. 그래서 한국에서 돈을 벌면 전 세계에 진출하여 태극 깃발 날리며 육 대륙에서 사업을 하자고 다짐하고 그 사업을 처음으로 시도하였다.

먹거리 찾아 성공하기 위해서 한국인은 해외로 진출해야 한다는 거창하고 원대한 용기 있는 생각을 하였다. 당시에는 겁나는 것이 없었다. 좁은 한반도를 벗어나 해외로 진출한다는 게 당시에는 남들에게 무모하게 보였을 것이다. 부모님도 극구 말렸다. 그러나 나는 그곳이 기회의 땅이라고 생각하고, 내 생각을 믿었다. 부모님에게는 안타까운 일이었지만 평생을 부모님처럼 고생하며 가난하게 살 수는 없었다. 당시에 한 번뿐인 인생, 해외에서 사업에 멋지게 성공하여, 한평생 고생하며 가난하게 살아온 부모님을 경제적 어려움 없이 행복하게 살게 해주고 싶었다.

그런 마음으로 과감하게 필리핀으로 투자 이민하였다. 그런데 그곳은 만만치 않은 곳이었다. 생각이 다르고 문화가 다른 섬나라이었다. 살면 살수록 치안이 불안하고, 총기사고가 난무하며 정의가 부재한 이 나라는 이상한 나라로 느껴졌다. 나는 진퇴양난의 상황에 부닥쳤지만 돌이킬 수가 없었다. 그런 가운데 8년의 세월이 흐르며 설상가상으로 예기치 못한 팬데믹과 국제금융위기 등이 발생하여 그곳에서 사업을 재개할 수가 없었다.

나는 모든 것을 포기하고 정리하며, 무일푼이 되어서야, 결단을 내려서 그곳에서 탈출을 감행하였다. 2013년 당시에는 사업 실패 후에 한국으로 귀국하는 것이 창피하여 힘든 결정이었고 차라리 그곳에서 죽고 싶었다. 그러나 10여 년이 흐른 지금 회고해 보면, 너무나 잘한 결정이었고 내가 그때 삶을 포기했다면 나는 결국, 이 지구상에 존재하지 않는 사람이었을 것이다. 그러나 하늘의 보살핌으로 나는 한국에서 특히 점쟁이 말대로 나무가 많은 북쪽 강원도에서 기적적으로 재기하였다.

동남아 필리핀에서 인생 처음으로 맛보는 참담한 실패를 극복하고 거의 무일푼으로 돌아와 수중에 당시 오십만 원을 들고 배를 탄 것은 당시에는 힘들고 어려운 결단이었지만, 배가 암초에 부딪혀 구멍이 나서 뱃일을 그만두고 다시 부동산 분양 일을 시작한 것은 결국은 신의 한 수였다고 여겨진다. 그 후 고진감래하듯 상황들이 우호적으로 변하며 선택한 분양사업에서 나는 탁월한 능력을 발휘하였다.

'계약만이 살길이다.' 외치며 전국의 아파트 오피스텔 분양현장에서 나는 처음 분양 일을 시작한 후 1년 동안 열두 개의 계약을 성사하여 오천만 원을 벌었다. 이백만 원의 중고 모닝 소형차를 구매하여 기동력이 빨라진 나는 그다음 해에는 서른 개의 계약을 달성하였다. 그리고 3년이 흐른 해에는 쉰 개, 그다음 5년이 흐른 다음부터는 연간 백 개 이상 그리고 그다음부터는 연간 백오십 개, 이백 개씩의 계약을 달성하여 경이적 분양기록을 달성하였다.

누군가 분양일에서 1년에 백오십 개 이상 계약을 쓰면 소위 말해서 '분양인 아너스클럽'에 가입하는 것이라고 말했다. 그것은 분양(판) 세계에서 나에게 약간의 부와 명성을 가져다주었다. 그리고 필리핀에서의 쓰라린 기억과 뱃일의 힘든 노동을 잊어버리고 그것을 인생의 한 편 추억으로 다시 기억할 수 있게 해주었다. 과거의 힘들고 어려웠던 기억을 타인들에게 더 숨기고 싶지 않았고, 오픈하여 나같이 힘들고 어려운 현실에 마주친 영혼들에 반면교사로 삼아 힘내라고, 하면 된다고 나의 경험담을 말해주고 싶었다.

그래서 나는 지금도 이따금 특강을 가면 대학교 젊은이들에게 나의 경험담을 말해준다. 절대 포기하지 말고, 실패를 두려워 말라고, 실패를 경험해야 성공할 수 있다고 말한다. '오십 살 이전에 실패의 경험이 없는 성공'은 위험하다고 말해준다. 정글의 사자도 먹이를 구하기 위해 사냥을 시도하지만, 성공확률은 적다고 한다. 그러나 실패를 경험 삼아 계속 시도하며 업그레이드된 사냥 실력을 발휘한다고 한다. 젊어서 고생은 사서라도 해야 한다는 옛말이 너무나 옳은 말임을 실감한다.

죽음을 선택해야 하나 고민하면서, 2014년 나는 단돈 50만 원을 가지고, 한국의 인천공항에 도착했다. 그리고 다음 날 나는 〈삶과 죽음에 관한 생생진담〉에서 이미 언급한 것처럼 태안의 신진도 항구, 인천 영흥도 항에서 선원으로 힘든 노동일을 하며 힘들고 쓰라린 인내의 시간을 경험하였다.

2 필리핀에서 만난 다양한 역동적 한국인들

1) 필리핀 세부에 일찍 진출한 김 사장 딸들

필리핀에 처음 방문한 계기는 우연히 다가왔다.

2006년 나는 은퇴 비자를 받아서 투자 이민으로 한국을 떠난다. 당시 도착한 필리핀은 무더웠다. 물론 사전답사를 이유로 10번 정도 방문하여 현장 답사하며 나름의 이주 준비를 치밀히 하였다. 사실 필리핀을 처음 방문한 것은 1998년이다.

IMF가 터지면서 여러 은행이 영업 정지되며 문을 닫고 건실한 은행으로 통합되는 사건이 발생하였다. 나는 경기은행 인수를 위해 수원의 한 지점으로 갔다. 그곳 지점은 정부에 의해 하루아침에 문을 닫고 어느 날 갑자기 한 달간 영업정지 되어 다른 은행으로 통합되는 운명을 맞이했고 나는 그곳 지방은행의 지점장으로 지점을 인수하기 위해 갔다. 그곳에는 직원이 15명, 그리고 두 달 전 지점장이 된 신0

○ 지점장이 있었다.

그날 이후 나는 지점장실에 근무하며 그 은행 지점의 실사 및 관리를 하였다. 갑작스러운 업무정지로 거래처들 민원이 많았다. 예를 들자면 거래고객이 당일 그 지방은행 지점에서 대출 10억 원을 승인받아 다음 날 기표하여 통장에 입금하기로 은행과 약속이 됐는데 그날 저녁 7시 갑자기 정부 발표에 의해 은행 지점이 폐쇄되고 한 달간 영업을 할 수 없도록 한 조처가 내려진 것 등이다. 이러니 많은 민원이 발생할 수밖에 없었다. 며칠이 지나 정부에서도 문제점을 인식하고 하나씩 해결책들을 제시하며 고객들의 불편한 점들을 해결해 주도록 하였다.

이 와중에서 만난 사람이 김○○ 사장이다. 그는 은행이 영업정지되기 전 운전자금 15억 원을 저리로 승인받아 다음 날 받기로 했는데 그날 저녁 은행이 문을 닫는 바람에 난감한 상황에 부닥쳤다. 김 사장은 약속받은 대출금을 믿고 사업을 미리 진행했는데, 그 사업들이 자금이 막히는 바람에 무산될 지경이었다. 결론적으로 본점과 협의하여 나는 한 달여 기간 동안 노력하여 그 문제를 해결해 주었다.

그분은 당시 필리핀 노동자 10여 명을 고용하여 사업을 하고 있었으며 두 명의 딸을 필리핀 세부에 중학교 때부터 유학 보내며 필리핀을 잘 알고 있었다. 그분 덕분에 나는 어느 겨울 휴가를 내어 필리핀의 그분 딸이 유학하는 곳을 방문하며 동남아 필리핀이란 나라를 처음 알게 되었다. 그런데 운명의 장난이랄까? 그 일이 있고 난 뒤 10년 만에 나는 부동산 개발 시행사를 운영하는 이○○ 사장과 그곳으로 투자 이민하였다. 사람의 미래 일은 정말 알 수가 없다. 원수 같은 사람을 외나무다리에서 만나지 않기를 바랄 뿐이다. 물론 평소에 원수 같은 사람을 만들지 않는 것이 더 중요하지만 말이다. 필리핀에 처음 나를 안내했던 김○○ 사장의 두 딸은 나중에 그곳에서 사업을 하며 자리를 잡았다는 소식을 들었다.

며칠간 세부에서 머무르면서 경험한 재미있는 에피소드가 하나 있다. 필리핀 세부에서 김 사장이 갑자기 금으로 때운 본인의 어금니가 아파서 자기 큰딸의 자가용을 타고, 집 근처 필 치과에 갔다. 나도 심심하여 같이 갔다. 영어가 잘 안되는 김 사장은 5년간 유학한 딸에게 자신의 이빨 상태를 말해주고 치과의사에게 통역을 시켰다. 당연히 자기 딸이 영어를 잘하니까 별문제 없을 것으로 생각하였다. 금으로 때운 오른쪽 어금니 부분이 아픈 것을 영어로 필리핀 치과의사에게 설명하며 치료를 부탁하려는 것인데, 딸과 필리핀 치과의사는 커뮤니케이션이 잘 안 되며 헤매고 있었다. 5분, 10분의 시간이 흘렀는데도 치료 진행이 안 된다.

급한 김 사장은 약간 화를 내며 나에게 부탁을 하였다. 그러나 나도 영어를 잘하지는 못하는 상황이었지만 생존 영어에 나는 소질이 있었나 보다. 나는 어금니가 영어로 'mollar tooth'(몰라 투스)인 것을 핸드폰으로 검색하여 인지한 후 중년의 치과의사에게 말했다.

"헬로 닥터! 마이프랜 코리안 미스타 김스 라이트 골드 몰라 투스 이즈 배리 페인펄 스페셜리 캔유 책킹 위드 엑스레이 머신, 앤 큐어 플리즈?"(Hello doctor!/ My Kor. Friend Mr KIMS/ right Gold Mollar Tooth/ is very Painful/ Can you checking/ with xray machine /on his mollar tooth/ specially under gold part/ and cure?)

내가 순간적으로 손짓을 하며 콩글리시를 하였더니 치과의사는 바로 이해를 하였다. 그리고 김 사장은 치료하고 일을 마쳤다. 김 사장의 딸은 학교에서 배운 영어라서 존칭 등 문법까지 생각하며 완벽한 영어를 구사하려 하여서 순간 당황하며 헤맸다. 그러나 나는 손짓·발짓하며 급하게 바로 상황을 전달한 것이다.

영어 발음 나쁘다고 창피하게 생각하는 한국 사람이 많은데 이는 정말 순진하고 주체성 없는 정신이다. 우리는 영어를 모국어로 사용하는 사람이 아니다. 영어 발음이 후지다고 필리핀을 무시하는 분들도 많다. 그러나 미국도 영어 사투리가 난무하여 남과 북의 시골 출신이 만나면 대화가 잘 안 통한다. 그리고 그들이 보기에 한국인들은 다 같은 것이 아닐까? 한국인이 영어단어만 사용해도 대견스럽게 볼 것 아닌가. 왜냐하면 그들은 한국말도 못 하는데 우리는 영어는 조금이라도 하지 않는가?

발음이 좋든 안 좋든 그건 문제가 아니고 의미가 잘 전달되면 될 것이다. 외국인이 신경 안 쓰는 한국인의 영어 발음문제를 어느새 우리 엄마들은 미국 발음, 호주 발음, 캐나다 발음, 필리핀 발음을 구분할 정도다. 그러나 미국, 호주도 지역에 따라 다양한 발음이 존재한다는 사실을 기억해야 할 것으로 여겨진다.

당시에 필리핀 발음을 무시하는 분들을 보면 우리는 왜 우리끼리 영어 발음을 가지고 논쟁을 하는지 이해가 안 되었다. 그것은 지엽적이며 더 중요한 것은 '본인의 의사를 정확하게 나타내는 어휘력과 의사표현능력이 아닐까?'란 생각이 든다.

2) 미모사 골프장, 코브라

드디어 필리핀으로 이주하여 새로운 사업을 시작하였다. 골프장, 리조트 관련 사업이다. 나는 이제 서류상으로 해외 재외교포가 되었다. 현지인의 도움으로 필리핀 운전기사, 가정부들을 고용하였다. 그곳은 한국에서 비행기로 4시간 걸리는 곳이며, 나중에 배우 최민식 주연의 영화 '카지노'의 배경이 된 곳이었다. 매년 겨울이 되면 수만 명의 한국 골퍼들이 찾는 곳이기도 하였다.

나는 그곳에 집을 임대하였다. 주인은 은퇴한 일본인이었다. 집사인 필리피노 란다가 매월 말일 날 임대료를 받으러 왔다. 그는 일본인 임대인의 경호원이기도 하여 체격이 건장한 40대였다. 몇 달 후 그가 오지 않아 이상하여 옆집 가정부에게 물어보니 총에 맞아 죽었다고 하였다. 나중에 소문을 들으니 그의 전처가 치정에 얽혀 자기 동생을 사주하여 살해하였다고 한다. 필리핀에서 처음 경험한 주변인의 죽음이었다.

한국에 겨울이 되면 이곳으로 동계 골프를 치러 많은 분이 방문한다. 어느 날 한국에서 온 젊은 골퍼가 미모사 골프장에서 티샷을 기다리다가 살모사를 발견하였다. 그 젊은 골퍼는 골프채 아이언으로 똬리 틀고 있는 코브라를 건드렸고, 결국 뱀에게 손가락을 물려서 병원으로 이송 중 해독제가 없어서 병원을 왔다 갔다 이동하다가 사망하였다고 한다. 어처구니없는 죽음이 아닐 수 없다. 그곳은 살모사, 구렁이 등 뱀과 도마뱀은 물론 불개미, 모기 등 곤충들이 난무하는 위험한 곳이기도 하다.

또 다른 한 분은 교통사고를 당하여 필 병원에 입원, 수혈을 받았는데 감염된 피여서 돌아가셨다. 그 후로 한국인이 병원에 입원하여 수혈이 필요한 경우에는 주변 한국인들이 찾아가서 피를 헌혈해주는 관습이 생겼다. 이처럼 필리핀은 비위생적인 문제가 많은 덜 발전된 곳이기도 하였다. 이들 필리피노가 잘하는 것도 있다. 친절한 웃음, 긍정 마인드, 가창에 뛰어나다. 간호사, 치과의사들은 잘 치료하는 것으로 명성도 있다.

물가는 처음에는 저렴하게 느껴졌지만, 시간이 흐르며 싼 게 아님을 알게 되었다. 예를 들면 바나나가 한국에서 하나에 3,000원 한다면 여기서는 500원 한다. 그런데 한국인은 바나나가 싸다고 한국에서 1주에 2개 먹는다면 6,000원이 소요된다. 여기 필리핀에서는 바나나가 싸다고 1주에 10개 정도 먹는다. 즉 5,000원어치를 먹기 때문에 생활비가 한국처럼 비슷하다고 여겨진다. 물가와 인건비가 저렴하다고 착각하여 한국에서보다 더 많이 낭비하는 결과를 초래한다.

3) 골프장 건설하다 대박나다.

봉이 김선달은 대동강 물을 판다. 돈을 받으면서 말이다. 이런 사업을 한다면 얼마나 기분이 좋을까? 상상해 본다. 무한한 자원인 그 흔한 대동강 물을 돈 받고 파는 사업권을 꿈꾸는 것만으로도 행복하다. 그런 사업이 있다면 우리는 맨발로 그곳으로 뛰어갈 것이다.

내가 아는 김 회장님은 천신만고 끝에 골프장을 준공하며 이와 비슷한 경험을 하신 분이다. 필리핀에서 힘든 과정을 거치며 10년 먼저 필리핀에 온 김〇〇 회장을 알게 되었다. 이분은 당시에는 무일푼이었다. 초창기에 이곳 필리핀에 와서 약간의 돈으로 땅을 샀단다. 1평에 담배 한 갑 가격으로 샀다고 했다. 그리고 그곳에 골프장 건설 사업을 시작하였다. 그리고 그가 산 땅은 피나투보 화산지역이어서 뜨거운 천연 유황 온천수가 나온다.

골프장 공사를 시작하고 2~3개 홀을 완성하면 장마 폭우가 와서 다 쓸어간다. 근처에 강이 있기 때문이다. 폭우를 만나 공사한 모든 것이 붕괴되는 일을 서너 번 겪었다. 돈이 바닥나고 김 회장은 당시에 밥 먹을 돈이 없을 정도로 어려운 상황에 부닥쳤다. 나는 그분에게 왠지 정이 가서 밥도 같이 먹고, 약간의 용돈도 드렸다.

그분은 항상 말했다. 자신의 이름에 귀(貴) 자가 들어가 있어서 점쟁이가 '당신은 60세가 넘으면 귀한 존재가 된다'고 하였다고. 당시 그분은 58세였다. 그런데 정말로 그런 일이 기적적으로 일어났다. 당시 한국의 금융기관들이 해외 부동산 개발투자에 적극적으로 진출하면서 김 회장이 한국 금융기관에서 ○○억 원의 대출을 받는 데 성공한 것이다. 골프장은 5번째 공사를 시도하여 1년 만에 18홀을 완공하였다.

준공식에는 필리핀 부통령이 헬기와 장갑차를 끌고 와서 축하해 주었다. 그런데 그 후 대출해준 금융기관에서 감사를 받으며 문제가 발생했다. 금융기관에서는 그 문제를 숨기고자 김 회장에게 대출해준 금액을 김 회장과 상의도 없이 그 은행에서 모두 상환하여 처리하였다. 어느 날 김 회장이 나에게 연락이 왔다. 그는 대출금이 갑자기 사라지고 상환되었는데, 어찌 된 영문인지 모른다고 하였다. 몇 달 후 그 금융기관은 부도 처리되고 관계자는 감옥으로 갔다.

김 회장은 로또 아닌 로또에 당첨된 거와 같았다. 그 후 김 회장은 골프장 주변에 수십 채의 빌라를 짓고 승승장구하였다. 그리고 대동강 물을 팔 듯이 36홀의 골프장 회원권을 한국에서, 필리핀에서 판매하며 바쁘게 잘 지내고 계신다.

4) 카지노, 호텔 박 회장 '카지노' 영화화

필리핀에서는 수십 개의 카지노가 운영된다. 도시마다 카지노가 합법화되어 내국인은 물론 외국인들도 수시로 들어가서 도박을 할 수가 있다. 그래서 많은 한국인 관광객들이 카지노에서 게임을 하기 위해 필리핀을 방문한다.

이런 한국인들을 대상으로 환전, 안내 및 편의를 돌봐주면서 카지노사업에 종사하는 많은 한국인이 있다. 내가 알게 된 박○○ 회장도 그런 일로 출발하여 필리핀에서 성공한 경우이다. 그리고 나중에는 골프장에 호텔을 건설하여 관광 리조트 개발사업을 하였다.

최민식 주연의 카지노란 영화에서도 언급되었지만, 필리핀에서의 사업에는 많은 한국인 투자자들이 등장한다. 그리고 추후 사업의 정산과정에서 많은 분쟁이 발생하는 경우가 흔하다. 그리고 일부는 한국인 사업 상대끼리 현지의 킬러를 고용하여 상대방을 죽이는 경우도 발생한다.

박○○ 회장도 내가 아는 바에 의하면 20억 원을 지인에게 차용받았는데 그 후 호텔사업이 잘되어서 가치가 100억 원으로 상승하였다. 그러자 돈을 빌려준 지인은 원래 계약과는 다르게 더 많은 배당

을 요구하였다고 한다. 박 회장이 이런 요구에 불응하자 그 투자자
는 현지 킬러를 고용하여 박 회장을 살해하였으며, 그 후 경찰 조사
로 그는 구속되었다. 그리고 몇 년 후 이런 내용이 약간 각색되어 '카
지노'란 영화로 개봉되었다.

　카지노 건물에 들어가면, 거울, 시계, 창문이 없다. 시간이 멈춘 곳
이다. 기억나는 장면은 어느 날 한국에서 놀러 온 한국인 목사가 한
번에 300만 원씩 베팅하면서, 이기면 할렐루야! 하면서 고함을 지르
던 모습이다. 한마디로 '맙소사! 맙소사!'의 한 장면이었다. 창피함과
수치를 모르는 사람이라 할 수 있다. 일부 스님들 승복을 입고 게임
을 하는 경우도 있었는데 보기에 좀 민망했던 기억들이다.

5) 조폭 보스와의 우연한 만남

- 예의를 갖추세요!

나는 어느 날 저녁 한국에서 친구가 방문하여, 카지노에 갔다가 시간을 보낸 적이 있는데, 카지노 테이블에 빈자리가 있어서 앉았다.

그리고 옆을 보는데 어디서 낯익은 얼굴이 보였다. 그분은 한국에서 유명한 양○○파 조직의 보스 조○○이었다. 순간 속으로 놀랐지만, 그분도 그날 놀러 오신 것 같았다. 모르는 척 인사를 건네고 게임을 하였다.

"여기 사시나 봐요?"

그가 먼저 말을 건다. 나는 자연스럽게 티 내지 않고 대화를 하다가 일어설 심산이었는데 자꾸 말을 걸어와 농담도 하며 30여 분을 함께 게임을 하였다. 중간에 현지에서 안면이 있었던 젊은 친구가 나에게 다가와 귓속말로 말한다.

"형 저분이 누군지 아세요? 조○○입니다. 예의를 갖추세요!"라고 말한다.

알았다고 대답하고 나는 계속하던 대로 자연스럽게 행동하며 좀 있다가 자리에서 일어났다.

나중에 안 사실이지만 그는 당시 몇 가지 사건에 연루되어 필리핀에 도피하여 있는 중이었다. 몇 달 후 그는 필리핀 카지노 현장에서 경찰에 긴급 체포되어 한국으로 송환되는 모습을 TV 뉴스를 통하여 보았다.

6) 목사 부부와 정 사장의 만남

- 한 마리 1억, 대게 3마리

바다 이야기 게임 사업을 하던 정○○ 사장을 필리핀에서 알게 되었다. 그분은 평생 오락기기 사업을 하고 폐업을 하였는데, 세금이 수십억 나와서 필리핀으로 도피성 이민을 왔다고 하였다. 그는 골프를 배우며 실력이 일취월장하였다. 결론부터 말하면 5년 후 그는 한국 검찰에 자수하고 벌금을 내고 6개월 실형을 받은 후 한국에서 살고 있다. 향수병에 자진 귀국을 한 것이었다. 정 사장과의 에피소드는 정말 기가 차고 웃기는 이야기다.

필리핀에 온 후 몇 달이 지나 정 사장은 돈이 좀 있는 사람으로 소문이 났다. 그리고 그것을 노리는 현지 한국인이 있었는데 그는 놀랍게도 부인은 목사이며 남편은 의사로 병원을 하는 한국인이었다. 어느 날 그 부부가 반갑다고 나와 정 사장을 자신의 집으로 초대하였다. 우리는 즐거운 마음으로 그곳에 갔는데, 야외 정원에 바비큐와 알리망호(검은 대게찜) 요리가 준비되어 있었다. 맥주 한잔하며 분위기가 좋았다. 그분들은 노래하겠다며 부부가 앞으로 나가 동요인 뻐꾸기 노래를 하였다. '~뻐꾹 뻐꾹 뻐꾸기 산에서 울고~ 고향에도 지금쯤 뻐꾸기 울겠네.' 순진무구한 동요라서 정 사장과 나는 좋은 분들로 인상을 받고 헤어졌다.

이후 그분들은 자주 만나자고 하였다 한 달 후 정 사장은 한국에서 3억 원을 가져와서 이곳 필리핀에 집을 사려고 하였다. 그런데 송금을 하자니 문제가 있었고 직접 한국에서 서너 명이 돈을 나누어 가지고 올 수밖에 없는 형편이었다. 정 사장 부인이 3억 원을 가져오기 위해 한국에 몇 번 오고 가다가 공항에서 목사 부인을 만났다. 목사 부부는 이런 이야기를 듣고 자기 동생이 강남에서 영어 어학원을 하는데, 송금을 자주 하니까 이런 일에 익숙하고 방법을 잘 안다며 도움을 주겠다고 했다. 그날 정 사장 부인은 이들을 믿고 바로 3억 원을 목사 부부 동생에게 송금하였다. 잘 처리해 달라고 하면서 말이다.

그리고 필리핀으로 돌아와서 기다리는데 1주일이 되어도 소식이 없다. 그 부부는 돈이 미국으로 갔다가 홍콩으로 해서 필리핀 은행 계좌로 입금되니까 시간이 걸린다는 말도 안 되는 대답을 하며 좀 더 기다리라는 말만 되풀이한다고 정 사장이 나에게 말했다. 그 말을 듣는 순간 나는 사기임을 직감하였다. 정 사장은 그 후에도 그들에게 몇 번을 전화해서 물어봐도 같은 답뿐이었다.

한 달여 시간이 흐른 후 정 사장이 나에게 왔다. 그 이야기를 들어

보니 100% 사기를 당한 것이었다. 아니 돈에 무슨 다리가 달린 것도 아니고 뉴욕으로 갔다가 홍콩으로 갔다가 필리핀으로 돌아서 온다는 것이 말이 되는가? 나는 정 사장에게 사기당했으니 빨리 조처하라 말했지만 이미 늦었다. 정 사장은 얼굴이 사색이 되어 그 목사 부부를 찾아갔는데 그들은 동생이 그 돈을 가지고 도망갔다는 황당한 대답을 그때야 정 사장에게 고백하였다. 말도 안 되는 거짓 핑계였다. 그 부부는 완전히 계획적으로 정 사장에게 사기를 쳤으나, 서류가 없어서 책임을 물을 수 없었다.

어느 날 정 사장이 탄식하며 한마디 하였다. "그날 알리 망고(검은 대게) 3마리를 먹었는데 비싸게 먹었구나! 게 1마리당 1억짜리를 먹었네…." 그 일이 있고 난 뒤 정 사장은 필리핀에 집을 구매하였는데 가격이 오르자, 다시 두세 번을 샀다가 팔았다. 그 결과 사기당한 돈을 3년이 지나서 복구하였다. 부동산에 투자하여 급격히 오른 가격 상승으로 재미를 보고 손해를 만회한 것이다. 인생사 역시 새옹지마이다.

7) 여신도와 Y 목사

- 내로남불

또 다른 에피소드는 한인사회를 놀라게 한 목사 스캔들이다. 그 목사는 선교사로 필리핀에 와서 20년 이상 원주민들을 전도하며 명성을 얻은 분이다. 필리핀에 교회도 세우며 열심히 원주민들에게 선교활동을 하여 한국방송에도 자주 나왔다. 그리고 목사가 되어 한국에서 많은 후원을 받아 교회를 건립하며 잘 나갔다.

그러던 어느 날 사건이 발생한다. 그분이 한국에서 온 한 젊은 여성 신도와 가깝게 지내다가 불륜을 저지르고 만 것이다. 그 여성의 남편이 인터넷에 그 목사를 고발하며 불륜을 폭로하며 드러났다. 그 남편은 자기 부인과 이혼마저 하였다.

이 사건은 한인사회에 충격을 주었으며 그동안 훌륭한 목사라고 칭송했던 분의 위선이 만천하에 드러나고, 그 목사의 불륜 상대인 젊은 여성도 한국으로 돌아갔다.

세상에 믿을 사람 하나 없다는 경험을 남겼지만, 그 목사는 그 후에도 필리핀에서 다른 지역으로 옮겨서 목사 활동을 지속하였다. 내가 사랑을 하면 로맨스이고, 남들이 하면 불륜이라고 주장하는 사람이 많다. 그 이후 이 목사 역시 본인의 한 번의 실수를 회개한다고 하면서 내가 하면 로맨스 남이 하면 불륜의 설교를 하고 있다고 한다.

"주여 저의 죄를 고백하오니 제발 한번 용서하여 주시옵소서! 아멘!"

8) 필리핀과 한국의 오랜 교류역사

- 신부(神父)와 홍어 장수

지금 생각해 보면 말도 많고 탈도 많은, 필리핀에서의 팔 년 생활은 나의 사십 대 인생에서 정말로 역동적인 격동의 시기였다고 할 수 있다. 공자의 말처럼 불혹의 나이를 지났지만 나에게 그 시기는 나의 인생에서 겁이 없던 시기였다. 그리고 인생에 대한 진지한 성찰과 사유가 부족했던 질풍노도의 시기였다. 고삐가 풀린 초원의 망아지처럼 들판을 뛰어다니는 삶이었다고나 할까? 동물원의 사자보다는 밀림의 사자같이 자유로운 삶을 추구하고 싶었다.

나는 동물원 안에서 먹을 거 걱정 없이 사육당하는 배부른 사자보다는, 정글에서 며칠을 굶어도 자유롭게 사냥하며 구속받지 않는 삶을 추구하는 사자가 좋아 보였다.

당시에는 나에게 인간의 삶도 이와 비슷하게 보였다. 자유가 없는 삶과 자유로움이 있는 삶이 그것이다. 필리핀에서 현지인들과 겪은 수많은 에피소드도 많이 있지만, 여기서는 지면상 문제로 생략하고, 한국인과 관련된 주제를 가지고 서술하고자 한다.

마닐라 근처 콜롬보이 지역에 한국인 최초의 신부인 조선 시대의 김대건 신부가 박해를 피하여 필리핀에서 2년 도피하여 망명 아닌 망명 생활을 하며 거주한 성당이 있는데, 한국에서 파견된 수녀들이 관리하고 있다. 당시 김대건 신부 아버지가 아들에게 편지를 써서 보냈는데 이곳 필리핀까지 전달하는데 1년 이상이 걸렸다고 한다. 당시 아버지가 보낸 편지는 인편으로 조선에서 출발하여 북경, 홍콩, 마카오를 거쳐 당시 이곳 필리핀 루손섬 북부지역 스페인 성당까지 전달되었다는데 이 사실이 놀라울 따름이다. 그는 여기서 1845년 사제서품을 받고 귀국하여 조선에서 1846년에 25세의 젊은 나이에 한국인 최초의 사제가 되어 순교자가 된다.

조선 시대 제주 홍어 장수 문순득의 필리핀 루손섬 표류기는 당시 흑산도에서 귀양살이하던 정약전에 의하여 책으로 서술되었다. 그는 필리핀에서 몇 년 표류하다가 간신히 마카오로 배를 타고 가서 거기서부터 걸어서 조선으로 돌아왔다.

그 후 문순득은 당시 제주도에 표류한 외국인 무리가 어디에서 온 사람들인지 말이 통하지 않아서 난감해하던 조선 조정의 골머리를 해결한다. 당시 그는 필리핀 체류 경험으로 타갈로그어를 할 줄 알았기에 그들이 필리핀에서 온 사람들임을 알고 통역하여 필리핀으로 귀환시키는 데 큰 역할을 하여 조정으로부터 벼슬(종이품)을 받아서 잘 살았다고 한다.

이 이야기처럼, 필리핀과 우리의 교류가 몇백 년 전에 시작되었다는 역사적 사실에 놀라울 따름이다. 지금도 필리핀에는 김대건 신부와 문순득이 체류한 곳에 많은 한국 관광객이 줄지어 방문한다.

필리핀은 주지하다시피 스페인의 400년 식민지였다. 그리고 우리가 알고 있는 스페인 탐험가 마젤란이 아메리카 대륙 발견 후 귀국하다가 필리핀 세부에서 필의 영웅인 족장 라푸라푸에게 사살된 역사적 사실이 있다. 그 후 스페인은 복수를 위해 계속 필리핀에 함대를 파견하여 정복 후 식민지를 건설하였다.

당시 스페인은 필리핀을 정복하기 위해 범죄자들을 그곳으로 보냈다. 당시 필리핀에서 스페인 지배층은 2,000명 정도라고 한다. 그들 중 가톨릭 신부들도 포함되어 있었으며 이들은 필리핀에 가톨릭 문화를 전파하고 필리핀을 가톨릭 국가로 만들었다. 초기 스페인 정복자들은 필리핀의 섬에서 섬으로 옮겨 다니며, 여자들을 임신시키고 약탈과 폭력을 행사한 결과로, 현재 필리핀의 대부분 사람은 스페인 혼혈이 많다. 토종 원주민인 흑인 같은 모습의 아이따족은 산속에 거주하기도 한다. 그들은 필리피노에게 차별을 받으며 살아가고 있기도 하다.

　필리핀에서 거주하는 동안 필리피노의 특이한 행동이 내 눈길을 끌었다. 그것은 필리핀 사람은 지위가 높은 사람이나 보스 앞을 지나갈 때, 그리고 행사 시 앉아 있는 귀빈석의 상석을 지나갈 때면 허리를 굽히고 아랫사람처럼 공손하게 굽신굽신하며 걸어가는 모습이 그것이다. 우리나라 조선 시대 노비들이 양반 앞에서 허리를 조아리고 눈치를 보는 모습이었다.

　그 이유를 필리피노 지인에게 물어보았다. 그는 지금까지 남아 있는 상관의 눈치를 보는 이런 행동이 스페인 통치시대에서 유래했다고 했다. 당시 거만하고 똑똑하며 반항기가 있고, 정복자 앞에서 허리를 펴고 당당하게 걸어가는 필리피노 남자가 스페인 사람 눈에 보이면 스페인 정복자들은 바로 총을 쏘아 죽여 버렸다고 한다. 그 이후 이런 행동들이 유래되었고 지금도 남아 있다는 것이다.

　동서양의 문화에서 이런 폭력적 행동들은 공통적이란 생각이 들었다. 지배자와 피지배자의 관계는 옛날이나 지금이나 본질은 항상 이러하다는 생각이 들었다.

필리핀에서 만난 한국인 용띠 친구들

- 회자정리

2000년대 후반 필리핀에서 골프장 사업을 하면서 지내던 어느 날, 한인타운에 섬나라 한식당이 크게 새로 오픈하였다. 직원이 10명 이상으로 제법 규모가 큰 2층 건물이었다. 생선회도 팔고 소고기도 파는 규모가 큰 한식당이었다. 특히 다금바리회가 일품이었다.

그곳에서 사장인 동갑내기 김 사장을 알게 되었다. 그 친구는 태안 출신으로 최근에 이곳에 왔다. 또 그의 소개로 이 사장을 알게 되었는데 이 친구는 남태평양 피지에서 슈퍼마켓 3개를 운영하며 사업을 하다가 폭동이 일어나 급작스럽게 이곳으로 탈출하여 왔다고한다. 이곳에서는 차량 50여 대를 가지고 렌트사업을 시작하여 번성하고 있었다. 그리고 이 친구 소개로 한인타운에서 한식당을 하는이 사장을 알게 되었다. 음식이 제법 맛이 있고 깔끔하여 제법 손님이 많았다.

어느 날 함께 모여서 맥주 한잔하는데 우리들 나이가 전부 용띠 동갑내기였음을 발견했다. 그래서 우리는 자연스럽게 자주 모여 용띠 골프모임을 가지고 상호 친목을 다지며 필리핀 생활에서 외로움을 극복하며 재미있게 생활하였다. 이후 곧바로 한 명 더 우리 모임에 추가되었는데 자동차 정비를 하는 카센터 신 사장이었다. 신 사장도 동갑내기여서 바로 친하게 지냈고 그는 한인회 협력업무를 맡아서 도움을 주는 역할도 하였다.

어느덧 몇 년의 시간이 흘러 우리 중 3명은 필리핀에서의 사업을 닫고, 한국으로 다시 돌아왔지만 2명은 아직도 그곳에서 뿌리를 내리고 지금도 살고 있다. 인생은 만남과 헤어짐의 연속 아닌가? 이를 회자정리(會者定離)라고 한다. 그리고 '가는 사람 잡지 않고 오는 사람 막지 않는다'는 말들이 회자정리란 말과 함께 유행한 적이 있다.

지금은 김 사장 한 사람만 연락이 된다. 나머지 친구들은 연락이 안 되지만 잘들 지내며 잘살고 있을 것으로 생각된다. 살아있으면 또 우연히 만날 수 있을 것이다. 왜냐하면 한국에서 고국을 떠나 외국에서 생활하려고 마음먹고 실행한 사람들이라면 보통 이상의 생활

능력과 용기를 가졌기 때문이다. 모레 사막에서도 살아 돌아올 정도의 강한 정신력과 용기를 가진 존재들이었다고 생각되었다.

이따금 한국에서 장맛비가 오는 여름날이면, 필리핀에서 비를 맞으며, 골프를 치며 맥주 한잔하던 친구들과의 기억과 한국어, 영어, 타갈로그어, 팜팡가어 등 4개 언어를 사용하며 필리피노를 고용하고 사업을 하며, 필리피노 직원들과 재미있는 한때를 보냈던 추억들이 떠오른다.

초창기 테헤란로 기획부동산의 실상

- 스파르타식 영업방식

필리핀에서 한국으로 돌아왔지만 막막한 시절이었다. 선원으로 일해서 모은 돈 두 달 치 월급인 오백만 원을 모아서 나는 중고 소형차를 사서 타고 다니면서, 나는 새로운 일자리를 찾아보았다. 그러나 당시 한국에서 오십 살의 나이에 좋은 일자리는 없었다.

처음 신문을 보고 이력서를 낸 곳이 공기청정기 판매회사였다. 그런데 다단계 회사 같은 냄새가 났는데 1주일간 영업 및 정신교육을 하고 실적을 쌓아야 수당이 지급되는 방식이었다. 계속 일할 곳이 아닌 것으로 느껴져서 1주일 만에 퇴사하였다.

그리고 강남의 기획부동산으로 입사하여 출근하였다. 당시 매일 5만 원의 출근 수당을 주었다. 그곳에서 부동산 기획회사의 영업방식과 사기성 영업을 알 수 있었다. 서울 전화번호부 책을 한 권 주며 오전 9시부터 오후 5시까지 전화를 무작위로 돌리는 것이다. 그런데 웃기고 황당한 일들은 그런 전화에서도 이따금 계약이 성사된다는 점이다. 거기 직원들은 다음과 같은 말을 반복한다.

"안녕하십니까? ○○부동산입니다. 춘천 지역에 투자가치 있는 토지가 있는데 이번에 온천이 발견되어 토지가격 상승이 예상됩니다. 평당 가격은 ○○이며 계약금은 100만 원입니다. 입금계좌 번호는 ○○은행 ○○○○○○입니다. 입금 후 이 번호로 연락 주세요. 그리고 궁금한 점 있으면 질문 바랍니다"

이런 발언을 수십 회 반복하다 보면 막힌 말문이 트인다. 그러다가 고객의 반응이 있으면 바로 차로 모시러 가서 차에 태워서 지방 현장으로 출발하여 현장 답사를 하고 바로 계약을 하는 식이다. 이런 황당한 영업방식에도 계약이 나온다는 것이 처음에는 신기할 따름이었다. 10일 만에 그만두었지만, 그곳에서 나는 분양 일을 했던 정주영이라는 친구를 알게 되었다. 그리고 정과 함께 개봉·광명에 위치한 황금 기획부동산에 출근했다. 그런데 여기서는 더욱 놀랍고 황당한 경험을 한다.

여기 사장은 전국 유망지역 근처에 저렴한 임야를 몇만 평을 사 100평씩 분할 한 후 1억 정도에 판매한다. 그리고 매일 출근하는 100여 명의 직원에게는 당일 일비를 3만 원씩 지급한다. 출근직원 중 많은 사람이 60대 할머니들이었다. 어느 날 오전 교육이 끝나고 시상식이 열렸다.

지난주 자신의 돈 일억으로 기획부동산에서 판매하는 땅을 직계약한 한 할머니가 단상에 올라 수수료 일천만 원의 상금을 받고 미스코리아처럼 음악을 들으며 왕관과 망토를 걸치고 팡파르 음악을 들으면서, 단상을 천천히 한 바퀴 걸어서 도는 것이었다. 이른바 계약서 쓰면 그 직원에게 시상금을 지급하고 미스코리아처럼 행진할 수 있는 특권을 이벤트화한 것이다.

처음 출근한 한 할머니가 손을 든다.
"사장님! 나도 통장에 오천만 원의 여윳돈이 있는데 그것으로 땅을 살 수 있을까요?"

부동산 사장이 말하기를 가능하단다. 그리고 사장은 그날 시상식을 마치고 오늘은 영업을 안 해도 된다면서 젊은 과장에게 귓속말한다. 잠시 후 젊은 과장과 직원들이 노래방 기계 세트를 가지고 와서 무대를 노래방 분위기로 만들었다. 그리고 연이어 양주, 떡, 과일 등이 준비되어 나온다. 황금 기획부동산 사장은 출근한 직원들에게 오늘은 신나게 놀고 내일부터 계약서 쓰면 된다면서 웃는다. 그리고 처음 출근한 나와 정주영에게도 시바스 리갈 18년 양주를 한잔 따라주며 말을 걸면서 접근해 온다.

이곳도 정상적 회사가 아닌 일확천금을 노리는 그런 다단계 부동산회사였다. 그리고 이런 회사의 말을 믿고 땅을 계약하면 십중팔구는 손해를 본다. 정주영과 나는 이런 곳을 1주일씩 다니며 실상을 파악한 후 그곳을 나오며 다시는 이러한 다단계 기획부동산에 출근하지 말자고 다짐했다. 그리고 그 후 보험 자격시험에 합격하여 보험영업도 하려 하였지만, 나의 적성에 맞지 않았다.

아는 분이 있어서 상조회사에도 일주일 다녔는데 이곳도 마찬가지로 다단계 영업을 하고 있었다. 여기서 배운 것이 하나 있다. 제사 지낼 때 향불을 피는 이유와 사람의 시신을 직접 만지며 염을 하는 분들을 장례지도사라 부르는데, 그들이 고소득자라는 사실이었다. 상조회사는 사기 영업을 하는 것은 아니었다. 다만 영업을 하며 가입자를 찾는 일이 힘들었다. 거기서 돈을 번다는 것은 더욱 어렵게 느껴졌다. 바로 그만두고 나에게 맞는 일이 무엇이 있을까? 생각하며 다른 일들을 찾아보았지만 쉬 할 수 있는 일들이 보이지 않았다.

　이런 기획부동산에서의 짧은 경험은 부동산 분양 일을 하며 다양한 지식과 경험을 가져다준 성과도 있었다. 즉, 거기서의 짧은 경험으로 말미암아 부동산 가짜 물건을 구별하는 방법과 가치 있는 부동산을 선별할 수 있는 지식과 혜안을 가질 수 있었다.

5 철길(金途)이 돈(金)이다

- 천안에서

　얼마 후 정주영에게서 연락이 왔다. 자기 아는 지인 중 천안에서 부동산 아파트를 분양 대행하는 분이 있는데, 그곳 현장에서 직원을 모집한다는 구인소식이 있으니, 그곳으로 일하러 가자는 것이었다. 우리는 5명의 인원을 구성하여 팀을 구성하여 그곳에 도착하여 분양 일을 시작하였다. 천안 두정역 근처였다. 그곳에서 부동산은 철길을 따라 움직인다는 경험을 처음으로 하였다.

　처음 그곳에서 만난 직원이 이곳에서 분양하는 아파트를 하나 사 놓으라고 하였다. 2억 조금 넘었다. 그는 조만간 이곳에 전철이 개통되면 5억 이상으로 가격이 상승한다고 설명하면서 매수를 권유했다. 그러나 우리 중 아무도 그의 말을 듣지 않았다. 2년이 흐른 어느 날 다른 현장에 근무하다 우연히 천안 소식을 들었는데, 그때 그 직원의 말대로 2~3배 가격이 오르고 있었다.

길(道)이란 무엇인가? 나는 그것을 철도라고 생각한다. 그리고 그것은 금도(金途)이기도 하다. 즉 돈이 움직이는 길이며 돈이 되는 길이다. 나는 처음으로 철길과 관련하여 천안에서 1번의 돈 벌 기회를 놓쳤다. 나는 분양사업에서의 道는 금도(金道)이고 금도는 철도와 밀접한 관련이 있다고 생각한다. 철길을 따라 돈과 사람이 움직인다는 이 말은 두고두고 머릿속에 남았다.

몇 년 후 원주에서 혁신도시 건설 붐이 일던 시기에 이곳에서 분양사업을 한 적이 있다. 그 당시 그곳에 철도와 서울시 전철이 연결되어 지나갈 예정이니 투자가치가 있다면서 우리가 분양한 아파트를 매수하라는 사용자 측 관계자의 중요한 돈 되는 제의를 다시 한번 받았다. 그러나 우리 중 아무도 매수하지 않았다.

그 당시에도 우리는 부동산 판매와 도로의 중요성이 얼마나 지대한지 이해하지 못한 것이다. 그 후 2년이 흐르고 그 아파트가 2.5배 오르는 사실을 목격하였다. 정작 나는 매수하지 않고 광고를 보고 와서 매수한 제천 분이 생각난다. 그분은 은퇴 후 소일하다 우리 광고를 보고 임대아파트를 3개나 매수하여 투자하였다. 그분은 그것으로 2년 이내에 3억 원의 수입을 올렸고 우리는 3개를 분양하여 수수료 천오백만 원을 받았다. 이때도 우리는 철길 관련 정보를 무시한 체 우리에게 다가온 두 번째 기회를 놓쳤다. 이번에는 열이 받았다.

그리고 강릉 KTX가 개통되기 전, 즉 평창·강릉 올림픽개최 1년 전에 우연히 들른 강릉에서 나는 이제 세 번째 철길과 관련된 돈을 벌 기회를 꼭 잡아야 한다는 마음으로 강릉 두 곳에서 부동산 매수를 하였다.

결과는 성공이었다. 올림픽을 앞두고 서울과 강릉 간 철길이 개통되며 강릉역이 종착역이 된 것이었다. 이제 마지막 남은 철길(金道)은 어디인가 찾던 시기에 서울 속초 간 철길이 열린다는 소식이 발표되었다. 이제 마지막 남은 철길이 개통되면 성공하리라는 막연한 마음으로 속초로 가서 일을 시작하자 다짐하며 2018년 속초에 자리를 잡았다.

그러던 중간 시기인 2020년 코로나 사태가 터지며 불황이 왔으나 동해안은 오히려 맑은 공기를 선호하는 분들과 철길의 개통으로 호황기를 맞는다. 십 년 전 우연히 들른 전주의 점집에서 도사가 "당신은 나무가 많은 북쪽 지방으로 가면 대박 난다"고 예언하였는데 나의 운명을 신기하게 맞춘 그분이 기억이 난다.

나는 미신과 점들을 전혀 믿지 않는 사람이다. 예수 천당(天堂), 불신지옥(不信地獄)을 거리에서, 혹은 교회에서 외치는 광신도나 목사분들도 믿지 않는다. 그들은 기독교와 종교를 잘못 이해하고 있다. 오히려 그분들은 나에게는 불쌍하게 보이는 사람이지만, 그 당시 전주에서의 그 무당은 나에게 신기하게 다가왔다. 미래를 정확히 예측하는 분이 존재함을 실감한다.

그곳 천안에 머무르며 홍보관에서 한 달간 일하며, 분양 일을 체계적으로 알아가며 익혔다. 비록 그 당시 계약은 한 건을 써서 오백만 원을 받고 일 인당 백만 원씩 나눠 가졌지만, 그러나 먼저 일하러 와서 선점한 직원들과 갈등이 있어서 우리는 그곳에서 일을 그만두고 삼성전자 공장 근처에 건설 중인 다른 주거형 오피스텔 분양현장으로 옮겨 일을 시작하였다.

그곳에서는 250개의 오피스텔 호실 중 60여 개가 남아 있었고 시행사 사장은 마지막 남은 호실 60여 개를 빨리 판매하려고 분양직원들에게 1실당 판매수수료를 오백만 원에서 팔백만 원으로 인상하였다. 하나 팔면 팔백만 원을 받는 것이다. 그동안 분양직원들은 정리가 되어 3명으로 줄었고 나는 거기서 처음으로 팀장 역할을 맡았다.

어느 날 그곳에서 황당한 일이 벌어졌다. 우리 팀 오 부장이 자기 순번에 점심을 먹으러 갔다가 손님을 패스당한 경우가 발생했다. 홍보관에 자발적으로 찾아오는 고객을 '워킹 손님', 손님이 와서 직원을 호명하여 찾으면 '지명 손님'이라 칭한다. 워킹 손님은 직원들이 순번을 정하여 응대한다. 우리 팀 오 부장 순번이었는데 다른 직원들은 자기 순번이 돌아오면 어느 순간에 워킹 손님이 방문할지 알 수가 없기에 점심도 거르고 홍보관에서 기다린다.

그런데 우리 오 부장은 손님을 기다리다가 배가 고프니까 자리를 비우고 30m 떨어진 식당으로 점심 먹으러 갔다. 설마 이 시간에 어떤 고객이 방문할 거라고는 상상하지 못하고 무전기도 가지고 가지 않았다. 나는 분명히 지시하였다. 이런 경우에는 무전기를 반드시 가지고 가서 밥을 먹다가, 무전에 워킹 손님이 왔다는 호출이 나오면 바로 숟가락 내려놓고 즉시 홍보관으로 달려와서 손님 상담과 안내를 하라고 말이다. 오지 않으면 그 손님은 다음번 대기 순번인 다른 직원에게 인계된다.

내가 일을 보고 돌아와 보니 손님 방문 당시에 오 부장은 지정 자리에 없었고, 다음 순번 직원이 대신 손님을 담당하여, 손님과 상담하고 있었다. 안내대 여직원에게 자초지종을 물어보니 손님이 와서 오 부장이 안 보여서 찾아보고, 무전도 쳤는데 오 부장이 나타나지 않아서 규정대로 다음 순번 직원에게 워킹 손님을 인계하였다고 하였다.

그 손님은 30분 상담 후 그 자리에서 계약하였다. 수수료 팔백만 원이 다른 직원에게 간 것이고 오 부장은 배고프다고 오천 원짜리 백반 먹다가 팔백만 원을 놓친 경우가 발생한 것이다. 나는 그때 화가 많이 났다. 휴전선에서 경계근무를 잘 설 때는 간첩이 넘어오지 않다가 병사가 졸거나 화장실에 가면 꼭 간첩이 넘어오는 일이 발생한 경우인데 어쨌든 직원이 큰 실수를 한 것이었다. 이처럼 분양일은 쉽고도 어렵고 어렵고도 쉬운 일면이 있다 방심하면 한순간에 계약이 날아가는 것이다.

두 달 후 이곳 현장에서 대박 사건이 터졌다.

어느 날 내가 워킹 손님을 맞이하기 위해 기다리고 있었는데 오후 1시경 70세 정도의 남자와 조금 젊어 보이는 50세 정도의 여자 손님이 홍보관을 방문하였다. 그 전날 우리 오피스텔 남은 물건이 얼마 없으니 빨리 계약하는 사람이 임자라는 신문 광고가 전국 일간지에 실렸다. 근데 이 손님들이 전날 인천에서 이 광고를 보고 방문한 것이다. 이분들은 나에게 몇 개 호실이 남아 있는지 물어보며 6개 정도를 계약할 계획이니까 준비해 놓으라 하고, 자기들은 천안 부동산 시장과 다른 곳도 알아보기 위한 시장 조사를 하고 6시경 다시 올 수도 있다는 말을 하며 우리 홍보관 모델하우스를 둘러보고 30분 후 다시 나갔다.

나는 처음에 약간 황당하였다. 그러나 잠시 기억을 더듬어 보니 터무니없이 황당한 분들은 아닐 수도 있다는 생각이 들어 6개 호실을 준비해 놓고 혹시나 하는 기대로 그분들을 기다렸다. 6시가 지나 6시 30분이 되어도 그분들은 나타나지 않았다. 보통 6시면 마감을 하고 퇴근하는데 이날은 이분들 때문에 30분 더 기다리고, 사기를 당한 기분이었다. 문을 닫고 퇴근하려는 순간 이 부부가 홍보관으로 들어왔다. 저녁 먹다가 늦어서 미안하다고 한다. 나는 순간 반갑기도 하였지만 크게 기대하지 않고 차근히 질문하였다.

"선생님들은 어떤 일에 종사하시나요?"

이 질문에 남자가 대답한다. 자기는 인천에서 은퇴한 목사라면서 부모로부터 최근 상속받은 유산이 30억 있어서 이 돈으로 한 달에 1,500만 원 이상 월세가 잘 나오는 오피스텔을 사 놓을 계획이라고 했다. 그는 월세 수입이 나오면 겨울은 해외에서 살다가 추위가 풀리는 봄에 다시 한국으로 돌아오는 생활을 하기로 했다고 하였다. 그리고 그동안 목사 생활에 너무 피곤하여 남은 인생을 타인의 눈치 보지 않고 자유로운 삶을 살고 싶다는 것이었다.

그래서 내가 설명했다.

"오후에 선생님께서 천안 시내 부동산들을 둘러보았으면 아시겠지만, 이곳은 월세 받는 수요는 넘치는 곳이고 투자가치가 있는 곳입니다. 하지만 6개 정도로는 1,500만 원의 월세를 받을 수 없습니다. 그리고 1인당 대출한도 때문에 3개 정도 계약 가능합니다."

그날 우리가 분양하는 오피스텔은 30여 개 남아 있었다. 완판의 순간을 목전에 두고 있었다. 그 부부는 그러면 몇 개정도 계약해야 월 1,500만 원의 월세가 나오겠냐고 질문했다 나는 한 채에 월세 60만 원 정도 예상하니 60만 원 잡고 25채 정도 계약하면 가능할 거라 설명했다.

순간 그 부부들은 약간 고민하는 눈빛을 보이더니 그렇게 하겠다고 말하였다. 나는 놀라서 그분들에게 정말로 하나에 1.8억 원이나 하는 오피스텔을 25개나 계약할 건지 물었다. "농담은 아니시겠죠?"

그랬더니 그분들은 계약한다고 분명하게 대답하였다. 물론 중도금 대출도 50% 정도 받는다 하였다.

그러나 아직 돈이 입금되기 전이라서 그 부부의 대답을 믿을 수는 없었다. 난 그분들에게 오늘 1억 원의 계약금을 입금할 수 있는지 물어보고, 나머지 계약금은 1주 후까지 입금 완료하고 계약서를 작성하며 취소는 못 하는 조건이며 취소하더라도 1억 원의 계약금은 되돌려 받을 수 없다는 사실을 알리며, 확실히 최종 의사를 타진하였다. 그 손님들은 바로 1억 원을 입금하고 약속한 1주 후 계약 잔금이 입금되고 그날 25건의 계약서를 작성하였다.

당시에는 1채의 계약서를 작성하려면 3부의 계약서와 많은 서류작성이 필요한 시기여서 거의 밤 11시 넘어서 계약서 작성을 마쳤다. 그리고 그분은 계약 후 특별한 요구조건을 제시하였다. 홍보관에 비치된 티브이, 냉장고, 세탁기 등의 가전제품을 다 달라는 것이었다. 우리는 그들이 제시한 주소로 다음날 택배 배송 의뢰하며 홍보관에 있는 전자제품 모두를 선물로 주었다.

그 계약으로 그곳 현장의 오피스텔은 거의 완판되었다. 그날 계약으로 받은 수수료도 1억 원이 넘어갔으며, 대박이 난 분양현장으로 기억된다. 직원들과 아르바이트 대학생 5명에게는 양복을 한 벌씩 선물했고. 같이 근무한 직원들에게는 인근 고깃집을 한 달 동안 무료로 이용하도록 하였다. 이 사건 이후로 분양사업은 일취월장하였으며 승승장구하였다.

6 투자자는 신뢰를 원한다

- 가늘고 길게 오래 가자!

신뢰 형성 첫 번째 사례는 강원도 강릉시 주문진읍 옆 동네인 물회로 유명한 강릉 사천에서의 분양 경험이다. 오피스텔 개발사업이 시작된 현장에서 분양 대행을 처음으로 맡았다. 그리고 홍보관을 준비하고 봄날 아파트와 오피스텔의 복합건물을 판매를 개시하였다. 강릉에서 지인분의 소개로 계약이 나오며 그분도 계약하였다 그런데 그분이 다음과 같이 질문을 한다.

"사장님 만약 약속한 대로 이게 계약한 후 약속한 대로 3개월 후부터 공사가 시작이 안 되면 어떡하나요? 그 계약 취소해줄 수 있어요?"

"당근입니다. 그리고 약속대로 공사가 3개월 후부터 진행이 안 되면 계약금에다가 100만 원씩 더 드릴게요." 나는 자신 있게 대답했다.

내 생각에 공사가 늦어질 이유가 없었기에 자신감 있게 약속하였다. 그래서 공사 시작 전에 계약금을 받고 30여 건의 계약을 달성하였다. 그런데 약속한 3개월 후에 여러 가지 이유로 터파기 공사가 시작되지 않았다. 나는 불안하고 당황스러웠다. 시공관계자에게 물어보니 몇 달 늦어진다는 대답을 들었다.

나는 하는 수 없이 약속날짜를 지난 15일 후 그 소개자 및 계약자들에게 계약금을 환급하여 드리고, 그리고 별도로 1건당 100만 원씩의 페널티를 지급하고 그 현장을 접었다. 그 후 공사는 약속날짜보다 두 달 늦게 시작되었으며 그 현장은 지금은 준공되어 입주 완료되었다. 그 당시 그 현장은 이름이 플라주 메종(플라주: 바닷가+메종: 주택)이란 불어 이름이었고 바닷가에 있었다. 그리고 계약만 하면 '놀면서 돈 번다'는 제목으로 계약해서 입주만 하면 매월 임대료 및 배당금이 나오는 부동산이었다.

요즘 유튜버 서핑 가이드처럼 남들이 보기에는 놀면서 여행을 다니며, 자신이 제작한 영상을 유튜브에 올린 뒤 그리고 구독자 수에 따라서 엄청난 수익을 올리는 사람들이 많다. 10년이 지난 지금도 그 현장을 지나다 보면 3,000만 원의 페널티를 지급하고 계약자에게 신뢰란 무엇인가를 배운 현장으로 기억난다. 그리고 '나는 놀면서 돈을 번다.' 페널티 지급이 그 당시에는 사람들로부터 왠지 이상한 사람으로 손가락질받았는데, 지금은 당연시되며 모두가 부러워하는 인생으로 자리 잡았다. 당시에는 앞선 개념이었다.

페널티 지급 후 3개월이 지나서 나는 강릉 KTX역 앞 아파트 분양 현장에서 일하였다. 그런데 그 현장은 철도역 바로 앞이어서 인기가 아주 좋았다. 그런데 몇 달 전 페널티를 물어주고 해약해 주었던 그 소개자가 다시 이곳에 왔다. 그리고 그들은 다시 이곳에 계약하였다. 그 현장은 한 달 만에 완판되었으며 지금은 준공되어 분양가의 3배로 가격이 상승한 대박 난 현장이었다.

그때 그 소개해준 여자분의 말이 지금도 기억난다. 그녀는 당시 페널티를 안 물어줘도 되는데 내가 구두상의 약속을 이행하는 것을 보고 자기들은 나를 믿어도 되는 사람으로 인정했다는 것이다 내가 당시에 3,000만 원의 페널티를 지급했는데 그 돈은 4개월이 지나 1억 원의 돈이 되어서 되돌아온 것이다. 신뢰 형성에서 계약이 나온다는 사실을 알려준 첫 사례이다.

두 번째 신뢰 형성 케이스는 강릉에서 생활형 숙박 시설과 그 부속 건물인 상가를 분양할 때의 이야기다.

김 회장이 상가 구매를 위해 우리 홍보관을 방문하여 알게 되었다. 그분은 상가를 매입하여 슈퍼를 운영하는 사람들에게 임대한 다음 임대료를 받기 위해 자리를 찾고 있었다. 우리가 분양하는 상가의 슈퍼 자리(분양가 20억)를 놓고 다섯 차례나 상담하였지만, 그분은 여러 가지 핑계를 대며 계약을 하지 않았다. 그 이유는 '분양회사와 분양직원을 믿을 수가 없다. 경기가 안 좋다. 금리가 오른다. 시공사가 부도나면 어떡하냐?' 등등 불안감 때문이라고 토로했다.

　몇 달이 지나서 또 방문한 김 회장을 보면서 저분은 계약할 분이 아니라고 생각하면서도 이곳에 상가를 임대목적으로 살 특별한 이유가 있는 분이란 생각이 들었다. 그러니까 자주 방문하는 것 아닐까 하는 생각이 들었다. 아나나 다를까, 그분은 연세가 있으셨고 본인이 사망하면 확실한 장소의 상가에서 임대료를 받아서 부인이 그 돈으로 안정적 생활을 하도록 할 계획이 있었다. 그러나 분양금액도 많으려니와 관련 회사를 믿고 하기에는 불안하여 고민하는 것이었다. 그런데 그날 우리 여직원이 고객인 김 회장에게 약간 화를 내며 말했다.

　"회장님! 이렇게 좋은 위치의 상가는 구하기 힘든데 무엇을 그리 깊게 고민하십니까? 우리 분양하시는 사장님은 이순의 나이에 강릉에서 서울로 박사과정 공부를 위해 1주에 두 번씩 왔다 갔다 하시는 분이고, 시공사인 1군인 대기업을 못 믿으신다면 못하는 거죠! 조만간 다른 분이 먼저 계약하면 기회를 놓치실 수도 있어요!"

실제로 당시의 경제 상황은 불황이었지만 그 슈퍼용 상가 자리는 다른 한 명이 상담을 받으며 계약을 할까 말까 고민하는 상황이었다. 그날 오후 김 회장이 전화가 와서 내일 계약을 하잔다. 그래서 그렇게 계약이 성사되었다.

나는 그분에게 "불안하다면서 할까 말까 오랜 기간 고민하시더니 왜 갑자기 계약하셨어요?"라고 물었다.

그분이 다음과 같이 말했다. "내가 고민을 하며 생각해 보았는데 당신이 여기 강릉에서 그 나이에 서울로 일주에 두 번씩 박사 공부를 하러 간다는 말을 듣고 신뢰감과 확신이 생겨서 계약했다."

나는 이 말을 듣고 나서 사실 박사 공부하러 서울에 일주 두 번씩 운전하면서 왔다 갔다 하는 것이 힘들고 위험도 하고 피곤하여 1학기 마치고 그만두고 포기하려는 생각이 들었지만, 그 김 회장님 때문에 포기할 수가 없었다. 포기하면 신뢰감이 없어지는 거 아닌가? 결국 나는 2년 만에 4학기를 마치고 박사과정을 수료하였다.

그 후 공부하며 정리한 내용과 나의 죽음 관련 인생 경험 이야기, 그리고 나의 개발 분양 부동산사업에서 경험한 내용을 가지고 나의 사유와 인생 경험들을 책으로 정리하여 출판하였다. 〈사색의 시간〉 시리즈 1·2·3권의 저서를 출판하였는데 이것도 그분의 영향이 컸다.

왜냐하면 어느 날 그분이 나에게 "박 사장! 올해 박사학위 따는가?" 물었다. 나는 당시에 이렇게 책을 3권 구상하면서 논문 준비를 하고 있다고 하였다. 출판할 생각은 전혀 하지도 않았다. 공부하는 것이 쉬운 일 같아 보이면서도 어렵기도 하고, 어려운 거 같으면서 그렇지 않은 것 같다고 생각하는 중이었다. 나에게는 삶의 경험이 더 구체화한 산 공부로 생각되었다.

나는 공부하는 것이 힘들고 피곤하다 대답했더니, 그분이 한 말씀하신다. "박 사장이 쓴 논문이나 책이라도 있는가?" 팔십 넘은 김 회장님의 '백문이 불여일견'식 질문이었다. 순간 나는 그동안 공부하며 쓴 글과 사색의 결과물들을 모아 책으로 출간하자는 생각이 머리를 스쳤다. 그래서 〈사색의 순간〉 1·2·3권 단행본이 출판되는 계가가 되었다.

이렇듯 신뢰감 형성은 쉽고도 어려운 과정이기도 하지만, 이는 인간관계를 발전시키며 상호이익을 가져다주는 가교역할을 한다.

세 번째 신뢰 형성 케이스는 충남 보령시 진흙팩 축제로 유명한 대천해수욕장에서의 경험담이다.

지금부터 9년 전에 3개월 일하는 기간에 만났던, 기억에 남는 허름한 옷차림의 할머니와 건설현장 노동자 아저씨 한 분의 이야기이다. 그 할머니는 아주 완벽히 낡아 보이는 오래된 프라이드 승용차를 타고, 직원도 아닌데 매일 아침 10시 홍보관에 영업 개시가 시작되면 1번 손님으로 들어온다. 그 할머니의 출근목적은 방문객에게 선물로 주는 라면 5개 사은품과 휴지를 받은 후, 커피 한잔을 마시고 가기 위해서라고 당시에는 짐작되었다.

그녀는 1주일 내내 매일 출근하는데 우리는 그 허름한 옷차림의 할머니가 점점 얄밉고 눈에 거슬려 보였다. 그래서 내가 다가가서 할머니에게 더 오시지 말라고 정중히 말했다. 그런데 이 할머니가 앞으로 일주일 더 오겠다고 우긴다. '일주일 후 아파트 하나 살 거니까!' 하면서 말이다. 나는 하는 수 없이 그러면 매일 오라고 말했다. 모든 직원은 거짓말이라고 할머니를 무시하였다. 그러나 나는 그 허름한 몸매 바지의 할머니 관상을 보니 거짓으로는 보이지 않는 면이 보였다.

일주일 후 추석 연휴가 다가오면서 할머니가 젊은 청년을 데리고 온다. 그런데 아들이 타고 온 차가 최신 외제 차 BMW였다. 그리고 바로 아파트 한 채를 계약하였다.

그리고 할머니에게 물어보니 자기는 토지 보상금을 받았고 아들이 서울 건설회사에서 근무하는데 이곳 분양 아파트가 괜찮다며 하나 사라고 하였다는 것이다. 그래서 이 할머니는 15일 동안 홍보관에 염탐하러 온 것이었다. 혹시 사기는 아닌지, 문을 닫은 거는 아닌지 등등 말이다. 라면은 홍보관에서 그냥 주는 거니까 그냥 받았을 뿐이란다. 웃음이 나오면서도 참 대단한 노인들의 '백문이 불여일견' 지혜라는 생각이 들었다. 무엇이든 살펴보고 확인하는 습관이 무섭다고나 할까?

또 어느 날 건설 노동자 차림의 아저씨가 홍보관 앞을 지나가다가 홍보관에 들어왔다. 자전거를 타고 식사하러 가다 들렀다고 한다. 그 당시에는 홍보관에 방문만 하여도 제과점에서 사용 가능한 5,000원 상품권을 주었다.

그분은 홍보관을 보고 이따 2시간 후에 계약하러 다시 온다며 나가려 하였다. 당시 담당 직원이 이분은 계약을 안 할 거니까 상품권은 주지 말자고 나에게 건의하였다. 그러나 나는 약속은 약속이니까 그 고객에게 주라고 말했다. 그리고 잊어버렸다.

얼마의 시간이 흐른 후 지체아 딸과 부인을 데리고 그 아저씨가 가방을 들고 다시 홍보관에 들어와서 모형도를 가족들에게 보여주고 난 후 계약을 하잔다. 그런 그분은 계약금 2천만원을 직접 현금으로 가지고 오셔서 계약하였다.

약간 장애가 있어 보이는 그분의 딸이 홍보관을 나가며 한마디 한다.

"아빠! 우리 내일부터 여기에서 사는 거야?"

아빠가 대답한다.

"그럼 우리 이쁜 딸!"

그 당시에 나는 이 말을 듣고 웃어야 하나? 말아야 하나 고민이 되었다. 그 계약자와 딸은 서로 알고 있었다. 자기 가족들이 이런 곳으로 입주하여, 머지않아 행복하게 이곳에서 산다는 것을…. 단지 그 표현을 이렇게 여기서 산다고 얘기한 것이었다.

몇 년이 흐른 지금도 그때 일을 생각하면 "믿는 자에게 복이 있나니, 믿어라! 그러면 복 받을 것이다. 두드려라! 그러면 열릴 것이다. 구하라! 그러면 찾을 것이다. 아멘!" 이 말이 갑자기 떠오른다.

사람은 외모보다는 내면을 보고 파악해야 한다는 교훈을 다시 한 번 느낀다. 그리고 더 중요한 것은 약속은 지키고 살아야 한다는 사실이다.

시간이 많이 지난 어느 날, 그곳을 지날 일이 있으면 수많은 아파트 오피스텔을 바라보며 그때의 일들이 주마등처럼 스칠 것으로 생각한다.

7 사업가의 골프 퍼팅

- 하늘은 스스로 돕는 자를 돕는다

'사업가의 골프 퍼팅'이란 우리가 태국에서 지인들과 골프를 치다가 우연히 만든 신조어로 그 유래는 다음과 같다.

사업가 퍼팅이란 상식적으로 골퍼가 그린에서 퍼팅을 하여 홀에 골프공을 넣기가 거의 불가능하게 보이는 상황을 말한다. 그린이 아주 가파르고 오르막 내리막이 교차하는 그린 상태에서는 힘든 퍼팅을 할 수밖에 없기 때문이다. 그런데 사업가 마인드를 가진 사람은 대범하게 결정하여 그 공을 홀인 시키려고 마음먹고 반드시 성공한다는 것이다. 즉 불가능을 가능하게 하는 능력을 의미한다.

어느 해 겨울날 시행사, 대행사, 관계자들끼리 사업구상과 힐링, 휴식 등의 목적으로 우리는 8명이 두 팀을 이루어 동남아 태국으로 골프를 치러 갔다. 간만에 머리도 식힐 겸 힐링의 시간을 보내고 새로운 충전을 하기 위해서다. 골프는 단연 최고의 힐링 스포츠였다. 또한 골프 게임 중 돈내기는 전율을 배가한다. 며칠 골프를 치며 믿기 힘든 장면의 놀라운 퍼팅 내기가 2번 발생하였다.

그 이전에 내가 롱홀에서 120m를 남겨놓고 이글을 기록한 경험이 있었는데 그때와 비슷한 짜릿한 경험이었다. 그때 피칭아이언으로 친 공이 그린 위에 떨어졌는데, 그때 그린이 30도 정도의 급경사여서 낙하한 나의 골프공이 스핀을 먹었는지 그린을 3바퀴 정도 빙빙 원을 그리며 크게 돌더니 홀로 쑥 들어가며 홀인원 같은 이글을 기록하여 동반자와 내가 함께 놀라고 기뻐한 적이 있었다.

일행 4명이 한 조가 되어 플레이 중 아주 경사도가 거의 30도 되는 그린을 만났다. 일행 중 한 분이 돈 2만 원을 내기하여 음료를 먹자고 제안하였다. 모두가 동의하였는데 내가 보니까 이 경사도의 그린에서 홀인을 한다는 것은 거의 불가능에 가까워 보였다.

그래서 나는 재미를 추가할 겸 하여 동반자들에게 업그레이드된 제안을 하였다. 왜 그런 제안을 했는지는 지금도 모른다. 갑자기 그런 생각이 떠올라서 그랬다. 나는 제안했다.

"자, 지금 내가 퍼팅을 해서 홀까지의 직선거리가 5m 정도인데 경사도가 30도 정도니까 내가 이 공을 홀에 넣으려면 공이 급경사 포물선을 그리며 들어가야 한다. 여러분이 보기에도 그러죠?"

모두가 동의한다. 그리고 홀과 공이 가까운 거리에 있다 하여도 퍼팅을 성공시킬 확률은 없다.

그들이 동의하자 내가 말했다.
"그래서 나 혼자 퍼팅하고 만약 퍼팅에 내가 실패하면 나는 여러분에게 각 2만 원씩을 주겠다. 여러분은 내가 퍼팅에 성공한다면 나에게 20만 원씩 줄 수 있겠나?"

황당한 제안이었다. 물론 나는 실패를 각오하고 한 제안이었다. 그런데 일행 모두 바로 나의 제안을 수락한다. 웃으면서 말이다. 물론 나도 웃으면서 목적도 없이 동남아 골프 여행에서의 추억을 만들기 위하여 바보스러운 제안을 한 것이다.

나는 성공하기 어렵고 확률이 1%도 안 돼 보이는 불가능한 퍼팅을 준비하며 정신을 집중했다. 천천히 쳐도 안 되고 세게 쳐도 안 되고 공이 급경사의 라인을 따라 거의 U자 형태로 굴러가야 홀에 들어

갈 수 있는 상황이다 보니 어려운 것이었다. 나는 안 들어가도 그만이다는 자세로 소신껏 퍼팅하였다. 5~6초 후 공이 그린 라인을 따라 급경사를 그리더니 홀로 속 들어가는 기적이 일어났다. 그 후 10초간 말이 없던 동반자들은 손뼉을 치고 퍼터를 던지고 다음 홀로 걸어갔다.

그다음 날 우리는 다시 그곳과 비슷한 환경의 그린에서 비슷한 상황을 맞이하였다. 그날은 전날 그 내기에서 진 동반자들이 다시 한번 같은 조건의 내기를 하자고 먼저 제안하였다. 나는 져도 본전이기에 다시 그 제안을 웃으면서 수락하였다. 전날과 환경은 약간 다른 골프장이었지만 그린 상태는 어제와 비슷한데 공과 홀의 거리가 조금 길었다. 단지 공이 홀에 들어가려면 U자 곡선이 아니고 약간 M자 라인을 그리고 흘러가야 홀에 넣을 수 있었다. 그날 동반자 모두는 설마 내가 오늘도 널 수 있으랴? 이는 불가능하다고 생각하고 얼굴에 미소 지으며 나를 보았다.

나는 전날처럼 여러 생각 할 것 없이 과감하고 단호하게 퍼팅했다. 이를 보는 동반자와 나는 나의 퍼터에 정말 내비게이션이 달렸나 보다 생각했다. 나의 퍼터를 떠난 골프공은 기적처럼 홀 깃대를 맞추고 홀로 들어가지 않고 홀과 깃대 사이 구멍에 살짝 걸리면서 천천히 멈추었다. 이를 본 동반자들은 이번에는 거의 공황이 되어 퍼터를 집어

던지고 도망가다시피 다음 홀로 카트를 타고 도망갔다.

어찌 이런 일이, 어찌 세상에 이런 일이 연속 일어날 수 있나? 확률상 불가능한 사건 아닌 사건이 일어난 것이다. 나의 골프 경험에서 이런 경우는 그때 처음이었다. 그날 나의 퍼팅은 매 홀 신들린 듯이 홀에 들어갔다.

그날 그다음 날 한국에 돌아올 때까지 우리는 그 사건으로 이야기 꽃을 피웠다. 그리고 그때 내가 2번 연속 성공시킨 어려운 조건으로서의 성공한 퍼팅은 '사업가 퍼팅'으로 명명되었다. 그리고 나는 그 후 동반자 친구들로부터 '퍼터 박'이라는 닉네임을 얻었다. 그리고 소심하게 퍼터 하여 실패하는 퍼터는 '샐러리맨 퍼팅', 그 중간 수준의 과감한 퍼터는 '개인 사업자 퍼팅' 등으로 명명하며 우리는 재미있는 시간을 보냈다.

거기서 나는 사업은 과감하고 담대한 배팅 능력과 빠른 기회포착, 순간의 결정이 맞아떨어져야 성공한다는 교훈을 다시 한번 경험하였다. 내가 동반자들에게 수정 제안한 내기는 동반자 모두가 흔쾌히 동의한바, 투기도박이 아니며 정당한 사업에 대한 투자와 비슷한 개념이다. 평범한 기회를 투자의 기회로 만들 수 있음을 보여주는 단적인 사례이기도 한 것으로 생각한다. 다만 나도 약간의 모험을 감수해야 한다는 점은 있다.

대범한 사람들은 사업을 하이리스크 하이리턴이라 생각하지만, 약간의 위험을 감수하고 고수익을 얻는 경우도 존재한다. 그리고 가끔 이 세상에는 무위험 고수익, 땅 짚고 헤엄치기, 누워서 떡 먹기 같은 운 좋은 사업도 존재한다.

나는 이 세상을 살아가면서 "떡을 만지면 떡고물이 묻는데 그것을 뇌물처럼 부정한 것으로 여기는 사람은 정치를 논할 자격이 없고, 사업을 하며 실패위험을 감수하려 하지 않는 자는 사업을 할 자격이 없다"고 말하고 싶다. 그리고 빠른 판단력과 의사결정 능력, 그리고 미래를 보는 눈이 필요함은 당연하다.

아는 만큼 돈을 번다

- 알아야 면장을 하고, 믿는 자에게 복이 있다

우리 옛날 속담에도 알아야 면장을 한다고 하였다. 사람은 죽을 때까지 배워야 한다. 본인이 모르는 것들이 이 세상에는 너무나 많기 때문이다.

자신만의 안경을 끼고 아집을 부려서는 안 된다. 그리고 새로운 기술, 새로운 물건들에 대하여 적극적으로 알려고 하는 태도를 가져야 한다. 세상이 급변하는 시기에 우리는 살고 있다. 모르면 도태되고 옛날 방식대로 살다가는 조용히 이 세상을 하직하여야 한다. 온고지신의 자세도 중요하다. 그리고 새로운 문물과 기술을 아는 것도 엄청 중요하다.

나는 비트코인에 얽힌 이야기를 시작하며 지금도 후회를 한다. 조금 더 관심을 가지고 공부를 했다면 인생이 바뀌었을 것이다. 그러지 않았기에 나는 나에게 다가온 기회도 놓친다. 모든 사람도 마찬가지다. 정보를 모르면 항상 뒤처지고 부자가 될 기회도 놓친다. 그래서 앞서 언급한 것처럼 '누군가에게 가난이란 일종의 마음의 병'이라는 사실에 동의한다.

지금부터라도 마음을 치료하고 돈에 대한 태도를 고치면 누구나 부자가 될 수 있다. 항상 마음의 문을 열고 상대방과 주변의 말에 귀를 기울이며 열심히 책을 읽어야 한다는 걸 강조하고자 한다. 나도 지금 항상, 독서, 글쓰기, 검색, 걷기 등 운동을 하며 열린 마음으로 살아간다. 그러다 보니 하루가 짧게 느껴진다.

2016년 강릉 분양현장에서 한 사람을 알게 되었다. 그분은 비트코인에 관심이 많았다. 그러나 나는 당시 코인에는 전혀 관심이 없었고 비트코인이 무엇인지도 몰랐다. 그런 어느 날 그분이 돈이 1,500만원이 급하게 필요하다면서 나에게 비트코인 5개를 줄 테니 1,500만원에 사가라는 제안을 한다. 그러면서 그는 나에게 이 비트코인을 몇년 전 30만 원에 샀는데 몇 년 후 삼천만 원까지 상승한다는 황당한 말을 하였다. 나는 비트코인이 무엇인지 알 수가 없고 그의 말이 신뢰가 안 가서 그 제안을 거절하였다.

몇 년이 흐른 후 우연한 기회에 비트코인 가격이 3천만원 한다는 뉴스를 들었다. 그러나 이미 버스가 지나간 후였다. 그 후 비트코인은 최근 1.5억원까지 꾸준히 상승하고 있다. 미래를 안다면 얼마나 좋을까? 그러나 평소 우리가 주변의 상황과 세계적 상황, 그리고 인터넷을 통하여 급변하는 발전상황들에 적극 관심을 가지려 노력하면, 어느 정도 미래를 예측하며 좋은 결과를 얻을 수도 있다는 생각이 든다.

서정주 시인이 '한 송이 국화꽃을 피우기 위해, 봄부터 소쩍새는 그렇게 울었나 보다. 이제는 돌아와 거울 앞에 서서'라고 읊은 것처럼 나는 성숙한 자세로 지나온 일들을 회상해 본다.

나는 남들과 비교하여 파란만장, 다사다난하며 역동적인 삶을 경험하였다. 과거의 경험에 만족하지 말고 계속해서 주변에서 벌어지는 새로운 일에 관심을 두고 살아가야 한다. 비트코인 같은 신기한 수단이 우리 일상을 지배할 수도 있다. 그것은 때론 나의 운명을 바꿀 수도 있다. 정보와 AI 기술, 챗GPT 등등 '알아야 면장을 한다'는 속담처럼 이런 새로운 개념을 이해하여야만 험난한 이 세상에서 살아남을 확률이 크다는 것이다.

누가 투자를 이야기하고 새로운 물건을 이야기하면 그의 말 중 일부라도 의심하지 말고 믿음을 공유할 필요가 있다. 성경에도 믿는 자에게 복이 있다 하였다 난 기독교를 믿지는 않지만 이 말은 믿는다. 맞는 말이기 때문이다. 믿어야 투자를 할 것이고 투자를 해야 돈을 벌 것이다. 그리고 돈을 벌어서 자신을 위해 쓰든 타인을 위해 사용하든 그 행위는 복 받은 일이라 생각하기 때문이다.

믿지 않고 부정적 시각으로 의심만 하면 결국 돈을 벌 기회 자체가 없으며 지식이 늘 수도 없다. 투자에 실패해도 얻는 게 많을 수 있다. 실수, 실패의 경험을 반성하고 가다듬어서 다음에 또 다른 기회가 오면 성공할 수가 있기 때문이다. 그래서 가만히 있고, 믿지 않는 사람은 돈과 지식을 얻을 기회마저도 없다. 그러니 복 받을 일이 없는 것이다.

노천명 시인이 대표적인 시 '추풍에 부치는 노래'에서 '낙엽이 내 창을 두드립니다' 하면서, 그녀는 시시각각 다가오는 죽음 앞에서 '금싸라기 같은 시간'을 느낀다. '신은 어쩌자고 오늘이사 내게 청춘을 이렇듯 찬란하게 펴 보이십니까?' 하고 읊은 이런 시 구절이 떠오른다.

주문진 사천 바닷가 분양현장 팸플릿에는 '놀면서 돈 번다'는 말이

쓰여있다. 요즘 말리브 해변의 서핑가이처럼 젊은 여행 유튜버들이
세계 여행을 하며 놀면서 고수익을 올리며 생활하는 젊은이들이 부
러울 때도 있다.

2부

9 황당한 계약 실패와 가장 빠른 계약 성사

- *나비처럼 날아와 벌 받은 '벌(Bee)'*

익산의 오피스텔 분양홍보관에서 경험한 일이다. 어느 봄날 홍보관에 여성 계약자가 방문하여 홍보관 모형도를 둘러 보더니 바로 계약을 한다며 계약서 작성하는 자리에 앉았다. 나는 모든 준비서류를 가지고 앉아서 계약서 작성을 도와주고 있었다. 그날따라 홍보관 청소를 담당하는 분이 결근을 한 날이기도 하다. 홍보관 전시관 안에는 이따금 방향제 향수 등을 뿌려서 지저분한 냄새를 제거하여 고객에게 기분 좋은 향을 발산시키기도 한다.

이른 봄날의 오후 시간, 홍보관에 벌 한 마리가 향기에 취해 들어온 모양이다. 바로 위에서 언급한 고객이 계약서 작성을 마치고 계약금을 입금하려는 순간 이 미친 벌이 날아와 고객의 손에 착륙하였다. 순간 고객은 놀라고 그것을 바라보는 나는 긴장하였다. 몇 초 후 그 벌은 날아서 가버렸다. 놀란 그 여성 고객은 잠시 생각을 하더니 자리에서 일어난다.

"사장님! 오늘 이것은 계약하지 말라는 하늘의 계시인가 봐요!"

'오 마이 갓'이었다. 그분 처지에서 생각해 보면 그럴 핑계를 댈 만도 한 사건이었다. 아니 그 순간 왜 벌이 날아와 훼방을 놓는단 말인가? 그분이 나간 후 나는 직원에게 말해서 그 문제의 계약을 방해한 벌을 체포하도록 했고 그 직원은 그 벌을 잡아서 내 앞에 대령하였다. 살아서 움직이고 있었다. 그러나 어쩔 수 없었다. 우리도 돈을 벌어서 살아야 했기에 계약을 방해한 죄는 우리에게는 대역죄로 다가왔다. 그날 나는 그 벌을 사형시키도록 명령하였다. 그날 결근한 청소하는 분도 교체하였다.

그날 홍보관을 청소하며 '벌'을 일찍 발견하였다면 이런 일은 일어나지 않았을 것 아닌가? 계약을 성사시키기 위해서는 이처럼 모든 경우의 수를 대비하고 철저히 준비하여야 한다는 교훈을 다시 한번 일깨워준 현장이었다.

이 일이 있고 며칠 후 한 택배복 차림의 30대 후반으로 보이는 남자 고객분이 홍보관이 오픈하자마자 현관 입구로 들어오더니 홍보관은 구경도 하지 않고 계약금과 필요한 서류를 묻는다. 차라도 한잔하라고 권유했더니 그럴 시간이 없단다. 입구에는 택배 트럭이 시동을 켠 채 멈추어 있다. 인감도장과 계약금 등이 필요하다고 알려주니, 방은 남은 것 중 알아서 좋은 호실과 남향으로 골라 주면 계약을 바로 한단다. 대충 아파트는 다 비슷한 거 아니냐고 말하면서 말이다. 그리고 자기가 오늘 배달할 물건이 수백 개라서 너무 바쁘다고 한다.

그 말에 나는 그러면 우리 직원이 택배용 트럭에 같이 합승하여 고객님과 같이 갈 테니, 중간에 고객님 집에 들러서 인감도장을 챙기고 서류를 동사무소에서 떼서 직원에게 전달하면, 계약서를 여기서 준비해 갈 테니 계약금 입금만 지정 계좌로 하면 된다고 말했다. 그리하여 계약은 1시간 만에 완료되었다.

알고 보니 이분은 꾸준히 돈을 모아서 부동산 투자를 잘하였다. 며칠 후 같은 방법으로 이분은 모친 이름으로 한 채를 더 계약하였다. 홍보관은 들어와서 구경한 적도 없다. 이유는 바빠서 시간이 없어서였다. 정말 노천명 시인의 시에서 표현한 것처럼 '금싸라기 같은 시간'을 보내며 바쁘게 택배 일을 열심히 하는 분이었다.

다시는 술을 마시지 않으리라!

- 술은 이제 그만, 시간을 아껴라

강릉 바닷가 주문진은 오징어잡이의 대표적 항구이다. 그러나 10여 년 전 당시에는 오징어가 거의 없고 문어가 잘 잡혀서 대부분 배가 문어잡이에 종사하였다. 그리고 도루묵과 양미리, 방어 등 해산물이 철 따라 많이 나왔다. 정말 술안주가 풍부한 곳이었다.

그곳에서 6개월 정도 분양 사업하며 제법 사업성과도 좋았다. 당시에는 주문진에 신규 아파트 등이 거의 없어서였다. 그리하여 계약이 많이 나오는 날에는 직원들과 횟집에서 회식하며 즐겁게 보내곤 하였다.

제법 쌀쌀한 어느 초겨울 날, 주문진이 고향이라는 미국 교포가 와서 계약하였다. 우리는 축하도 할 겸 해서 그분 일행들과 횟집에서 술을 마셨다. 그리고 그날 미국에서 온 계약자가 다음날 출국한다고 하여 다시 축하주 한잔하려고 2차를 갔다. 그곳은 또 다른 소문난 근처 횟집이었다. 그 주인장은 우리가 취한 상태여서 많이는 못 먹으니, 맛있는 부위로 골라서 회를 준다고 하였다. 나는 당시 많이 취했다. 그러나 기분은 이미 최고조여서 주문하려고 횟집 사장님을 불렀다.

"사장님! 오늘 이 집에서 가장 맛있는 생선이 뭐가 있어요?"

그분이 오늘 배가 들어와서 싱싱하고 좋은 생선이 많다고 한다. 그 말에 내가 말했다.
"그 생선들 다 골라서 잡아 오세요."

나의 주문이 그렇더라도 상식적인 주인 같으면 알아서 한 두마리 골라서 적당히 가져와야 하는데 그날 그는 큰 생선을 5마리나 잡아서 맛있는 부위만 골라서 준비한 거라면서 생선회를 가지고 왔다. 나와 일행은 약간 더 마시고 어쨌든 즐겁게 헤어졌다. 그때 술에 만취해 기억이 가물거리던 나에게 주인이 회를 친 나머지를 커다란 검은 비닐봉지에 싸서 탕을 끓여 먹으라며 챙겨준다. "나는 이게 뭐냐?"고 한 이후 더 이상 그날의 기억이 없다.

다음 날 아침 직원에게 전해 들은 이야기는 참으로 황당하고 창피하다. 당시 우리는 직원들과 근처 바닷가 펜션에서 숙소를 정하고 생활했는데 그날 밤 나는 먼저 택시를 타고 직원들이 숙소까지 잘 모셔다드리라고 기사에게 부탁하여 나는 대리기사의 도움으로 내가 숙소 안으로 들어가는 것을 대리기사가 보고 일행들에게 전달하였다고 한다. 직원들은 두 시간 정도 노래방에 들러서 3차를 즐기고 숙소로 복귀하였다고 한다.

그런데 직원들이 2층 숙소 방에 도착하여 보니 복도 끝 방에 위치한 나의 방 앞에 웬 남자가 누워서 자는 것을 발견하였는데 바로 나였다. 더욱 가관인 것은 방문을 여는 문고리에 외투를 걸어놓고 구두는 입구에 벗어놓고 근처에 있던 가정용 소화기를 베개 삼아 코를 골며 자고 있었다는 것이다. 추운 날씨에 이렇게 자는 나를 본 직원들은 간신히 들어서 방에 눕혔다고 했다. 이 무슨 주사란 말인가!

더 놀란 것은 다음 날 아침 간신히 잠에서 깬 나는 숙소 싱크대에서 검은 봉지를 발견하여 무엇인지 궁금하여 개봉해보니 커다란 생선 대가리가 5개나 들어 있었다. 순간 깜짝 놀랐다. 천천히 기억을 더듬어 보니 어젯밤 그 횟집에서 엄청나게 부어라 마셔라 하면서 과음한 기억들이 서서히 생각났다. 한마디로 맙소사였다. 이러면 안 되는 실수를 하고 창피하게도 고주망태 행동을 하여 위험한 순간을 간신히 모면한 것이다.

그 후로 나는 몇 년 동안 금주를 하였다. 다시는 술을 마시지 않으려고 다짐하였지만 몇 년이 흐른 어느 날 나는 속초 대포항에서 이와 비슷한 일이 한 번 더 발생하였다.

대포항에서 빨간 뚜껑의 알코올도수가 높은 소주 20병을 친구 3명과 마신 후 비틀거리다가 넘어져서 이마에 상처를 입었다. 그 일이 발생한 후 나는 중대결심을 하고 그 이후 지금까지 5년 동안 금주를 이어오고 있다. '정말로 다시는 술을 마시지 않으리라!' 맹세하며 다짐하였다.

요즘 커피를 마시며 소주를 마신다는 기분으로 생활한다. 술과 담배는 백해무익한 것임을 이순(耳順)의 나이가 되어서야 깨달았으니… 나는 정상적 인간인가, 바보스런 인간인가?

11 속초에서의 첫 계약, 광복절날

- 한 줄기 빛(光)이 보이다

부동산 활황기인 2018년 나는 강릉에서 네 군데의 현장에서 소기의 목적을 달성하고 오죽헌에 단독주택인 낡은 집을 구매하여 리모델링 하였다. 그리고 별장으로 꾸민다고 일하며 지내고 있었다. 닭도 키우고 포도나무, 감나무 등 수십 종의 유실수도 심으며 한적한 시간을 보냈다. 강릉 올림픽도 끝나고 휴식이 필요한 시기이기도 하였다. 그러다가 우연히 같이 일해보자는 아는 분의 제안으로 분양사업을 위해 강릉에서 속초로 갔다.

그 당시 속초는 서울 양양고속도로의 개통과 서울 속초 간 KTX 건설 등으로 부동산이 오르고 있는 활황기였다. 10년 전 전주에서 점쟁이가 '당신은 북쪽으로 가면 대박이 난다'는 예언이 실행된 곳이지만, 속초에 도착하여 분양현장에 뛰어들었던 초창기를 회상하면 전혀 그런 기미가 보이지 않고, 오히려 분양 여건 등 모든 것이 안 좋아 보였다.

처음 한 달간 계약을 성사시키려 무던히 노력하여 보았지만, 단 한 건의 계약도 나오지 않았다. 그래서 이곳을 떠나서 다른 현장을 찾아서 갈 것인지 말 것인지를 고민하며 지내고 있었다. 그날은 속초에 온 지 한 달이 되는 광복절 휴일이었다. 그날 비가 백 밀리 이상 내리는 쏟아지는 날씨였다. 강릉에서 알게 되어 그곳에 아파트를 계약한 부천에 사는 이 사장과 일주일 전 우연히 통화하였다.

"사장님! 오랜만입니다. 건강히 잘 지내시죠?"

"네. 저는 지금 속초에서 사업을 하고 있어요?"

"아 그러세요! 네 올여름 휴가는 잘 다녀오셨나요? 안 가셨으면 이곳 속초로 오셔요. 제가 한번 모시겠습니다."

"아, 그런데 제가 지금 인천 연안부두 월미도에서 여름 휴가 중입니다."

"그러시군요. 그러시면 다음 기회에 오셔요."

"속초에 친한 군대 친구가 한 명 있어서 종종 놀러 갑니다. 시간 나면 들를게요."

"네! 감사합니다. 그럼 안녕히~"

일주일 전에 이렇게 안부 통화한 사실이 있었다. 그런데 통화 1주일 후인 광복절 12경 그분에게서 홍보관 근처 청초수물회집이라며 전화가 왔다. 일부러 놀라게 해주려고 미리 연락하지 않고 속초에 와서 자기가 점심을 사주려고 했다면서, 가는 날이 장날이라고 그날 비가 너무 많이 와서 이제야 도착했는데 함께 점심을 먹자고 하였다. 그래서 나는 이미 점심을 마쳤으니 사장님과 사모님 두 분이 거기서 식사를 하시고, 그 밑에 바닷가 커피숍으로 제가 갈 테니, 그곳에서 30분 후 차 한잔하자고 약속하여 1년 만에 그곳에서 만났다.

그동안 이 사장은 다행히 전기사업이 잘되었다고 한다. 그는 부동산 투자에 관심이 많았고 딸은 3명인데 모두 호주에 유학을 보냈고 그곳에서 정착하여 살고 있다 하였다. 그리고 2년 전 평창 강릉 올림픽개최 전에 강릉지역의 부동산에 투자하여 재미를 보았다고 설명하였다.

비가 억수 같이 쏟아지던 그날, 나는 이곳 속초시에서 처음으로 이 사장에게 아파트 하나를 판매하였다. 속초에 입성한 지 한 달 만에, 첫 번째 계약성사였다. 원래 모든 일에는 징크스가 있다. 처음에 어렵고 힘든 일이 풀려야 그다음부터 하는 일들이 술술 실타래 풀리듯 한다. 이런 현상을 우리는 '이제 코를 뚫었다'라고 표현한다. 그렇다.

우리는 드디어 개시를 하고 기대를 품었다.

이사장과 코를 뚫고 처음 계약을 성사한 이후로 그다음 날부터 이상하게 계약이 술술 잘 나온다. 이것이 속초에서 4년간 500개 이상 계약 달성의 시초였다. 그 일 이후 한 달에 10개씩 계약을 성사하며 자리를 잡았다. 그해 12월 연말 계약시상식에서 목표를 달성한 우리는 직원들과 시상금도 타며 기쁜 크리스마스와 연말을 보냈다.

해가 바뀌어 맞이한 새해 첫날 아침 동해 앞에서 직원들과 함께 새로운 마음으로 떠오르는 밝은 해를 바라보며 올해도 대박 나게 해달라고 동해 용왕에게 기원하였다. 그러나 새해 시작은 코로나란 처음 들어보는 이상한 호흡기병으로부터 시작하여 우리를 불안하게 하였다. 그리고 사업투자자 간 이견이 생기고 약간의 갈등도 노출되어 분양대행사가 교체되는 일이 벌어졌다. 위기의 순간이 도래하였다.

먼저 와서 이곳에 자리 잡은 직원들이 후발 주자인 우리 팀보고 나가라고 주장한다. 그리고 모함이 시작되었다. 5명만 남고 나머지 직원들은 모두 나가란다. 그러나 우리는 끝까지 버텨서 살아남았고, 다행스럽게 그때 마침 대행사가 바뀌면서, 오히려 그들이 정리되며 퇴출당하였다. 정말 운이 좋은 것은 그 현장에서 이후에 많은 계약이 성사되었다는 사실이다.

당시에 동해안 바닷가인 속초, 강릉, 양양에는 많은 생활형 숙박시설(호텔로 운영하여 이익을 배당하는 오피스텔 같은 것)이 유행이었다. 공급과잉 상태여서 미분양처럼 50% 정도가 팔리지 않고 남아 있었다. 그런데 코로나 팬데믹 상태가 되면서 해외로 여행이 금지되다시피 하고, 특히 코로나는 폐에 치명적이라는 이유로 서울 경기 지역의 노인들이 공기가 청정한 강원도 동해안 지역인 속초, 양양, 강릉, 고성 등으로 몰리기 시작하였다. 당시 기존 호텔들은 6개월 이상 장기 예약이 되어서 빈방이 없을 정도였다.

결국 미분양 상태였던 바닷가에 건설 중이던 생활형 숙박시설들이 불타나게 판매되면서 완판되는 상황이 속출하였다. 많은 고객이 몰려들어 분양직원들 누구나 계약이 속출하였고 당연히 많은 수익을 올렸다.

돈에 대한 생각, 철학을 바꿔라!

- 사흘 굶으면 '장발장'이 된다

10평짜리 원룸에 살면서 80인치 저가 TV를 사보다가 눈이 아파서 못 보겠다며 당근 상점에 올렸던 사람의 글이 생각난다. 글로벌 시장 조사업체 옴디아는 한때 부의 상징이던 80인치 TV 가격이 올해 안에 삼백만 원 아래까지 떨어질 것으로 내다봤다. 16년 전 처음 선보인 80인치대 PDF 제품은 1.3억 원이었다.

행복은 돈이 아니고 나에게 가장 잘 맞는 크기를 고르는 것이다. 각주구검(刻舟求劍)이란 말은 강물에 빠트린 칼을 배의 바닥에다가 표시하여 찾는다는 어리석고 융통성이 없음을 뜻하는 사자성어이다. 돈만으로 행복을 이루려 한다면 이는 각주구검 같은 어리석은 일이다.

한때 10억 이상 현금자산, 10억 이상 부동산 보유가 부자 기준이 되기도 했는데 10억은 이제 부자도 아니다. 집 한 채 사면 끝인데 이 돈으로 어찌 부자라 할 수 있겠는가. '분양가 4억 아파트 5년 만에 17억 됐다'거나 '부동산 부자보다는 고소득자 부자가 중요하다' 등등의 다양한 반응들이 이를 잘 보여준다. 한편으로 젊은이들은 '이제 우리는 부자를 꿈꿀 수조차 없다'고 외친다.

'우리나라가 이전과 비교하면 부자나라가 되었다고 하는데, 왜 나에게는 돈이 없고 살아가기가 더 점점 힘들어지지?' 이런 의문을 품는 사람도 많다.

2021년 유엔자문기구인 지속가능발전해법네트워크(SDSN)에서 발표한 '세계행복 보고서'에서 우리나라의 행복도는 세계 95개국 중 50위였다. 그런데 자세하게 살펴보면 경제협력개발기구(OECD) 회원국 37개 국가 중에서는 하위권인 35위였다. 여기서 우리보다 행복도가 낮은 국가는 그리스와 터키뿐이다. 우리나라의 행복지수가 이렇게 낮다는 사실에 놀라지 않을 수 없다.

나는 분양사업을 하며 처음에는 성공하여 해외까지 진출하여 실패한다. 실패한 10년의 필리핀에서의 사업을 접고 귀국하여 10년 만에 재기하여 원상회복을 향해 달려가고 있다. 그런 과정에서 삶은 희비가 교차하였다. 현재 분양사업을 하며 매일 바쁘고 성실하게 최선을 다하며 인생을 살아가려고 노력한다. 인간은 항상 죽음을 생각하라는 라틴어 구절 메멘토 모리가 생각난다. 아모르 파티, 카르페디엠과 더불어서 한 번뿐인 인생이기에 최선을 다해야 한다. 그러니 젊은 사람들은 부자가 되는 꿈을 포기하지 말고 항상 꿈꾸어야 한다. 노력하면서 말이다. 어느 유명 심리학자가 지적한 대로 '가난은 일종의 마음의 병'이다. 그것을 치료, 즉 마음을 바꾸면 사람은 누구나 부자로 변모할 수 있다.

돈과 관련한 책 〈지금 당장 롤렉스 시계를 사라〉(에버리치홀딩스, 2011)을 쓴 사토 도미오는 "돈이 없어도 행복해질 수 있다고 자신을 속여서는 안 된다"고 주장한다. 그리고 책 제목처럼 '롤렉스를 사는 이유'는 어릴 적 꿈을 이루는 것이며 돈이 없어도 그 꿈을 포기하지 않음을 보여주는 것이라고 말한다.

몇 년 전 대만에서 모임에 참석하여 대만에서 사업하는 사업가 20여 명과 3일간 지낸 경험이 있다. 나는 그 사업가들과 다음 두 가지 질문으로 토론할 기회가 있었다. 질문은 첫째, '부자란 어떻게 정의되고 구분할 수 있는가?' 둘째, '행복한 인간이란 무엇으로 정의될 수 있는가?'였다.

    토론을 통해 내가 놀란 것은 그들 모두가 앞에서 언급한 나의 부자관과 일치하는 견해를 가지고 있었다는 점이다. 첫 번째 질문에 대해 그들은 '부자는 롤렉스 시계, 벤츠 승용차, 아파트 하나씩 가지고 있으면서, 일 년에 한 번 이상 가고 싶은 곳을 여행하며, 자기가 먹고 싶은 음식을 가격에 상관없이 사 먹을 수 있는 사람'이라고 하였다. 두 번째 질문인 행복한 인간에 대해서는 '물질적 성공을 달성한 후에 건강을 유지하며, 사랑하는 사람, 친구와 가보지 못한 곳을 여행하며 사는 것'이라고 현실적 대답을 하였다.

    이십 대였을 때 내가 생각한 부자는 '파카 만년필, 소형 소니 카세트 플레이어, 그리고 오메가 시계'를 소유한 사람이었다. 같은 세대 중 흡연자는 '던힐 라이터'를 추가하기도 하였다. 〈지금 당장 롤렉스 시계를 사라〉의 저자도 젊은 시절 나와 비슷한 부자의 꿈을 가지고 있다고 서술하고 있다. 그는 몇 개월분의 월급을 모아 롤렉스 시계를 샀다. 그는 롤렉스 시계가 무엇이 그렇게 대단하냐고 누군가가 그에게 묻는다면 특별히 할 말은 없다고 주장한다. 그런데도 그 시계를 차고 있으면 그는 심장이 두방망이질 친다고 하였다. 그는 스스로 롤렉스 시계에 어울리는 사람이 될 것을 의심하지 않았다고 한다.

그는 몇 개월의 월급을 투자하여 과연 무엇을 얻었을까? 그때 그는 "꿈은 반드시 이루어진다는 증명서를 손에 넣었다"라고 표현한다. 만약 그때 그가 '롤렉스는 나에게 너무 과한 물건이다'라고 생각해서 구매를 포기했다면, 지금의 그는 절대 없었을 것이라고 주장한다. 맞는 말이다. '꿈은 꿈꾸는 자'만이 이룰 수 있다. 그래서 우리는 평소 커다란 꿈을 꾸면서 사는 것이 유리하다.

2025년 현재 우리나라에서 생각한 부자의 명확한 기준을 알아볼 필요가 있다. 우리나라는 조선 시대부터 천석지기, 만석지기 등 쌀로 부자의 기준으로 삼았다. 농경시대였기에 당연한 기준이었는지도 모른다. 오늘날에는 그런 쌀을 기준으로 하는 부자구별법은 완전히 무너졌다

KB 경영연구소가 발표한 '2024 한국 부자보고서'(2024.12.26.) 기준에 의하면 한국에서 부자의 기준은 부동산 보유는 기본이고, 추가로 금융자산 10억 보유를 기준 삼아 부자를 말하고 있다. 즉, 한국에서 부자란 ① 금융자산 10억 원 이상 보유, ② 부동산 자산(거주 주택 포함) 10억 원 이상 보유한 사람을 말한다고 한다. 그리고 연 소득이 3억 원 이상을 벌어야 부자라고 생각한다는 조사결과가 있다.

이런 부자, 준 부자들의 주요 관심사는 부동산 투자인 것으로 나타났다. 또한 부자의 취미는 산책과 골프였다. 부자들은 1년에 10여 권의 책을 읽으며, 금융자산 100억 이상을 보유한 부자는 2배 수준인 20권 이상의 책을 읽는 것으로 나타났다. 부자들이 가장 선호하는 책은 인문 사회 분야이다. 반면 일반 대중은 소설에 대한 선호도가 높다고 한다. 부자에게 돈은 '편안함 유지 도구'이며 신문 뉴스 보기, 독서, 산책, 운동 등의 투자시간이 일반 대중보다 상당히 높은 것으로 나타난다.

그러면 금융기관에서는 현금자산의 보유 10억 원을 왜 부자의 기준으로 삼았는지 궁금해진다. 이는 현금 10억은 아주 쉽게 말해서 내가 돈을 사용해도 자산이 줄어들지 않는 상황을 만들어 주는 역할을 한다는 점에 있다. 예를 들어 가정해 보면 은퇴한 노부부가 한 달 생활하는 데 필요한 돈이 370만 원 정도라고 하는데 현금 10억 원이 있으면 은행 금리 4~5%만 받아도 한 달에 400~500만 원의 이자가 안정적으로 나오니까, 한 달 생활비를 쓰더라도 자신이 보유한 10억 원의 현금성 자산은 줄어들지 않는다. 즉, 노동 없는 편한 노후를 보낼 수 있는 것이다.

참고로 10억 원의 돈을 모으려면 월 277만 원을 30년 동안 모아야 하고, 25년 동안에 월 333만 원을 모아야만 보유할 수 있다. 물론 이자 부분을 제외했기에 금액은 약간 차이 날 수는 있다. 부자가 되려면 살고 싶은 집의 보유는 기본이 되어야 한다. 그런데 부자들이 생각하는 부자의 기준은 달랐다. 부자의 사전적 의미는 '재물이 많아 살림이 넉넉한 사람'이다. 한국의 부자들은 총자산이 100억 원은 되어야 부자라고 생각한다고 한다.

'나도 부자 되고 싶어요.' 이렇게 마음을 먹어야 부자가 될 가능성이 있다. 이러한 마음조차 없다면 부자 되기는 더 힘들다.

"가지고 싶은 것을 과감하게 탐하기 바란다"고 주장한 사토 도오미는 내가 보기에도 솔직히 맞는 말을 했다고 생각된다. 비싼 물건이라면 손에 넣을 때까지 한참이 걸릴 수도 있다. 설령 그렇다고 한들 어떤가? 언젠가는 손에 넣을 것을 믿어 의심하지 않으면 되지 않겠는가. 어릴 때부터 이런 생각을 한다면 '아이의 마음'에 불이 붙어 꿈이 움직이기 시작한다. 그러면 자라서 나에게 '꿈이란 무엇이었는가?'를 생각하며 자신의 자율신경계에 '두근거림'을 새겨 넣으며 꿈을 향해 나아가게 된다.

몇 살이 되든 어떤 신분이 되든지 무언가가 실현되었을 때를 상상하고 가슴이 두근거리는 현상이 꿈의 정체라고 정의한다면, 그때 내가 중요하게 생각한 것도 바로 이것이었다. 나는 필리핀에서 한번 실패한 경험이 있기에, 당시 '두근거리는 마음'을 안은 채 이 무일푼의 빈곤 상태를 벗어나 이전의 상태로 회복하며 서서히 부자가 되어 가기를 원했다. 이보다 더 행복한 일이 있을까?

속초 분양현장에서 하늘의 보살핌인지는 모르지만, 기적적으로 운이 작용하여 우리 직원들 4명만 남았고, 우리는 일당백으로 물들어올 때 노를 젓는 상황을 만났다. 그리고 그 어려운 코로나 팬데믹 상황에서도 2년간 기록적으로 200여 개 아파트 판매 실적을 달성하여 억대의 수익을 남기는 대박을 기록하였다. '강한 자가 살아남는 것이 아니라 역시 살아남은 자가 강한 것이다'라는 격언을 실감한 현장이었다.

이때 읽은 책 속에서 부자의 '돈에 대한 격언' 몇 가지를 소개한다.

첫째, 사랑만 있으면 돈 따위는 필요하지 않다고 말하는 사람이 종종 있는데, 이 말은 현실적으로 잘못된 경우가 많다. 이 말은 곧 사랑한다는 사람에게 '나는 당신을 편안하게 하려고 노력하지 않을 것이며 행복하게 만들 생각도 전혀 없습니다'라고 선언

하는 것이나 마찬가지이다.

둘째, 빈곤은 견딜 수 있어도 끝이 보이지 않는 빈곤은 견딜 수 없는 법이므로, 그런 사람과의 사랑이 오랜 기간 지속할 수는 없다.

셋째, 그러므로 돈을 부정하여서는 안 된다는 사실이다.

넷째, 현재 부자가 아닌 사람을 사랑하는 것은 자유이지만 '앞으로도 부자가 되지 못할 사람을 사랑해서는 안 된다'는 점이다. 물론 자기 자신이 돈에 대해 부정적인 사람이 아니라는 것이 전제되어야 함은 당연하다.

유명한 심리학자인 조셉 머피 박사는 '가난이란 일종의 마음의 병'이라고 말한다. 돈을 부정하는 것은 병이라고 한다. 그 당시에 나는 '돈이 없는 것'을 반성하고, 진심으로 돈을 좋아해야 한다고 다짐하였다. 이러한 돈에 대한 철학적 심리적 사고가 없었기에 나는 필리핀에서 처절한 사업실패를 한 것으로 생각하였다. 이후에야 철학적 심리적 논의 후 돈에 대한 명확한 가치관을 정립해야만 돈을 벌고 돈을 자유롭게 사용하는 행복한 인생을 살 수 있다고 생각하였다.

학교에서 자주 들었던 '청렴하고 가난하지만, 마음이 편한 선비'라는 표현은 더는 나의 인생 목표가 아니었다. 그것은 이상적이지도 않은 한낱 공허한 메아리란 사실을 느꼈다. '돈아! 정말 고마워!'라고 지금 당장 목소리를 높여서 감사의 마음을 전해보자. 돈에 감사하는 마음을 말로 표현해 보아야 한다. '오늘도 나는 돈이 있어서 멋진 하루를 보낼 수 있었다. 돈은 내게 자유와 기쁨을 주고 꿈을 이루기 위한 힘도 준다. 돈아! 정말 고마워!' 이렇게 살아야 하지 않을까? 이것이 돈에 대한 우리의 솔직한 표현이 아닐까 생각된다.

돈에 대한 마음가짐이 이렇다면 우리의 자율신경계는 그 상태에 만족감을 느끼며 더 즐겁게 일하도록 하여 더욱더 많은 돈을 벌 수 있도록 한다. 돈에 대한 감사의 마음을 표현하면 할수록 우리는 더욱 부자가 될 수 있는 것이다. 이런 표현들을 꼭 실천해 보려고 노력해 보길 젊은이들에게 강력히 추천한다. 그래서 모두가 노력한 만큼 부자가 되어서 행복하게 살기를 기원해 본다. '가난은 마음의 병'이라는 말의 의미가 모두에게 묵직하게 다가가길 빌어본다.

사람 누구나 가령(加齡)을 멈출 수는 없지만 늦추는 것은 얼마든지 가능하다. 가령은 생리학적 현상이다. 노화(老化)가 나이를 먹었다는 심리적 압박감이 정신과 육체를 점점 약하게 만드는 현상이라면, 가령은 내가 살아가는 동안 나의 몸속에 쌓이는 녹과 손상이 나의 몸을 황폐하게 만드는 자연적인 현상이다. 모든 생물에게 죽음(수명)이 있는 이유는 바로 이런 가령 때문이라고 과학자들은 규명하였다. 그러나 가령(加齡)을 멈추는 것은 불가능하지만 늦추는 것은 얼마든지 가능하다.

가령은 녹과 손상이라 두 가지 원인으로 발생하는 것으로 요약할 수 있다. 녹이라는 것은 활성산소에 의해 발생하는데 활성산소가 우리 몸을 녹슬게 하는 것인데 이는 철에 녹이 스는 현상과 비슷하다. 하지만 활성산소를 제거하면 우리는 가령을 늦출 수 있으며 이를 제거하는 물질이 바로 비타민과 미네랄 같은 항산화 물질이다. 비타민과 미네랄의 부족은 영양보조제를 꾸준히 보충하는 것으로 가령을 극복 가능하며, 이는 꾸준히 섭취하는 습관이 필요하다. 특히 비타민 C와 E, 코엔자임 Q10 등이 탁월한 항산화 효과가 있다고 한다. 그래 먹자! 꾸준히 먹자! 그러면 젊음을 유지하며 건강하게 살 수 있다.

걷는 습관도 중요하다. 15분만 걸어도 뇌 속에 베타 엔도르핀과 엔케팔린이라는 쾌락 호르몬이 분비되어 기분이 좋아진다. 최고의 두근거림을 느끼게 되므로 긍정적인 욕망이 속속 솟아난다고 한다. 몸을 적당히 혹사하는 습관이 필요한데 그것이 걷는 운동이며 걷기에 의해 꿈이 생겨나기도 한다.

분양 일을 하면 손님 찾아 삼만리 하며 많이 걷는다. 하루에 만 보 이상 걷는 직원들이 경험적으로 계약을 잘 성사시킨다. 나 역시 걷는 동안 많은 아이디어가 생각난다. 실제로 나는 강원도에서도 수십억 이상의 현금을 보유한 노인 부자들을 많이 목격하고 만났으며 그들 대부분은 골프운동, 걷는 습관 등을 실천하면서 여전히 거액의 부를 벌어들이고 있었다. 그들은 이따금 나에게 사업 이야기들을 하는데 의욕이 넘쳐 보이며 눈동자에서 빛이 나는 것처럼 보인다. 아직도 은 퇴하지 않고 현역에서 여전히 활발하게 활동하고 있다.

'꿈을 꾸는 자! 누구든지 부자가 될 수 있다'는 사실을 체험한 곳이 강원도 속초, 강릉이어서 이곳은 나에게 제2의 고향이기도 하다. 그 이후 나는 속초와 강릉에 터전을 마련하며 유유자적하게 일하며 지 금도 은퇴 없는 삶을 살고 있다. 헛된 다툼도 없고 혹독한 가난도 없 이 모든 사람이 마음껏 꿈을 꿀 수 있는 멋진 세상을 만드는 일도 가능하지 않을까? 누군가가 이것을 만들려고 꿈꾼다면 말이다.

그러기 위해서 우리는 다음의 세 가지 태도를 가지고 살아가며 노력해야 한다.

아모르 파티(AMOR FATI), 운명을 사랑하라는 의미이다. 사건, 운명을 긍정적으로 받아들이고 그것을 사랑, 수용하는 태도이다. 이를 통해 삶의 도전과 역경을 이길 수 있고 그로 인해 성장 발전할 수 있다.

메멘토 모리(MEMENTO MORI), 죽음을 기억하라는 뜻이다. 죽음을 잊지 않으면 현재 순간을 귀중하고 소중하게 여기고 감사하며 살아갈 수 있다. 우리의 행동과 선택에 대한 중요성을 강조하는 말이다.

카르페디엠(CARPE DIEM), 오늘을 즐기라는 말이다. 로마 시인인 호라티우스의 시에서 유래, 현재 순간을 귀중히 여기고 최대한 활용하라는 의미다.

이 세 가지를 요약하여 죽음과 관련한 사업구상으로 탄생한 아이디어가 ㈜아메카(운명 사랑, 죽음 기억, 파티하는 것처럼 오늘을 즐겨라)이다. ㈜아메카 설립에 대한 구상은 다음에 출간될 〈사색의 시간〉 주요 내용이 될 것이다.

대법원에서 승소하여
판례가 된 유보조건 무효

- 다윗과 골리앗 싸움

2,000년대에는 분양 수수료를 받는데 독소조항이 있었다. 분양하는 아파트 세대수가 1,000세대라고 가정하면 분양대행사는 분양직원들의 최저 판매치를 20%(200세대) 또는 15%(150세대)로 정해서 그 이상을 판매하지 못하면 수수료를 지급하지 않는 수수료 유보조건 같은 경우이다. 이런 독소조항이 당연하게 여겨지다 보니 분양업 종사자 대부분은 이를 받아들였다. 갑과 같은 회사가 수수료를 이런 유보조건을 내세우며 목표달성을 못 했는데 수수료를 어떻게 주느냐고 하면 을의 처지인 분양직원은 대부분 수수료를 포기한 것이다. 이런 관행이 주류인 시절이었다.

못 받을 확률이 높아서 대부분 수수료를 포기하던 시절, 나는 이 유보조건이 부당하다고 생각하여 당시 모두가 말리는 상황에서 소송을 시작한다. 계란으로 바위 치기, 다윗과 골리앗 싸움 같아 보였다. 상대방은 법무법인을 고용하여 변호사들이 재판정에 나와서 대응하였지만, 나는 나 홀로 소송을 하였다. 미군도 베트남에서 패망한 이유가 있다는 사실을 기억하는 나는 전략적으로 잘 대응하고 판사를 설득하고 어필할 수 있는 나만의 예시들을 쉽고 명확하게 만들어서 대응한 결과 대법원까지 가서 최종 승소하였다.

또한 20%에서 10개가 부족한 190세대가 팔렸는데도 유보조항 탓에 수수료를 못 받는가 하면, 분양회사가 바뀌며 수수료를 못 받는 경우도 종종 발생한다. 위에서 언급한 소송 건의 경우는 1,000세대 중 168세대가 팔렸으나 분양대행사가 바뀌고 우리는 수수료 1억원 정도를 못 받았다. 그래서 민사소송을 시작하였다. 피고는 강 사장이었다. 강 사장과는 이전에 함께 일한 경험이 있어서 안면이 있던 터라 재판정에서 만나니 서먹서먹할 수밖에 없었다.

2017년 강릉 ㅇㅇㅇㅇ에서의 아파트 판매는 많은 에피소드를 간직한 곳이다. 탤런트 최수종 방문 사인회 및 촬영이 있었고, 몇 달 후에는 가수 최성수가 방문하여 홍보관에서 그의 주옥같은 히트곡을 12곡이나 열창하였다. 놀랍게도 거기에서 자신의 따끈한 최신곡을 처음으로 발표하기도 했다. 지금도 기억나는 그의 신곡 노래 제목은

'달이 떴다고, 전화를 주시다니요?'로 기억된다. 공연을 마치고 그는 기념으로 자기 노래 CD 100장을 분양 직원 모두에게 주었다.

나는 최성수의 노래 중 '기쁜 우리 젊은 날'을 좋아한다. *사랑하고도 아무 일 없듯이, 떠나야 한다는 그건, 너무나 가슴이 아픈 안타까운 일이에요, 기쁘게 사랑한다 말해줘요~*'라는 가사의 노래이다. 최성수는 직접 만나 몇 마디 대화를 해보니 정말 생각보다 엄청나게 뛰어난 가수였고, 유머가 있는 아티스트였다. 그가 멋있어 보였다. 나도 타고난 음악적 재주가 있었으면 가수가 되고 싶었다. 그러나 나에게는 음악적 소질이 없다. 나도 한가지 재주가 있다면 그것은 무엇일까? 고민해 보았다. 그러나 답이 없었다. 생각이 떠오르지 않는다.

그런데 어느 날 동료, 직원들이 공통으로 말한다. 동료, 상사, 후배, 직원들이 나에게도 타고난 재능이 있는데 '분양 계약을 잘 쓴다'는 평가를 하였다. 부동산 매도를 잘한다는 것이다. 즉, 판매 영업에 소질이 있다는 것이다. 칭찬 아닌가? '강철(江哲)'은 나의 호다. 뜻은 강원도에 밝아서 강원도에서 돈을 잘 벌라는 뜻으로 이미 언급한 10년 전 작명가가 지어준 것이다. 김구의 호 백범처럼 말이다.

나는 지난 오 년간 강원도에서 500건의 분양 계약을 성사시켰다.

그런데 지난 코로나 발생 2년 전 강릉에서 분양하며 계약한 50건에 대한 수수료를 유일하게 못 받는 건이 하나 있었다. 기다리고 기다렸지만, 시행사는 수수료 지급을 하지를 않았다. 나는 하는 수 없이 법원에 소송을 제기할 수밖에 없었다. 수수료가 1억 원 정도이니 포기할 수는 없지 않은가?

먼저 분양 관계사로 수수료를 안 주는 대행사를 상대로 고소장을 작성하여 법원에 제출하였다. 변호사를 고용하여 소송하려면 비용도 들어가지만 변호사도 별 믿음이 가지 않았다. 이 사건의 핵심을 파악하려면 이 분양사업을 해봐야 아는데 오히려 나보다도 이해도가 느린 경우가 많아서 나 혼자 소송하는 것이 편하다고 생각하였다. 예상대로 상대방 대행사에서는 법무법인을 계약하여 1차 재판에 변호사가 나왔고 나는 변호사와 상대하며 재판을 진행하였다.

당시에는 발생한 코로나 사태로 인하여 재판이 자주 열리지 않고 몇 달 만에 열리곤 하였다. 복잡한 재판내용을 자세히 언급할 수는 없었고 4번의 답변과 주장이 오간 후 내가 1차 재판에서 승소하였다. 나는 원고, 상대방은 피고였다. 피고는 법무법인을 통하여 다시 항소하였다. 다시 답변이 오가며 지루한 재판이 시작되기 전 담당 판사가 나와 변호사를 불러 화의를 권유한다. 잘 타협해서 재판하지 말고 해결하라는 것이다.

　판사가 제시한 화의 조간은 내가 받을 수수료가 1억이지만 그중 30%인 삼천만 원만 받고 타협하라는 조건이었다. 나는 그 제의에 승낙하였다. 왜냐하면 이 수수료를 못 받은 지가 3년이 되어가고 또 바쁜 시간에 법원에 왔다 갔다 하며 시간 낭비가 심해서였다. 그냥 30%라도 받고 이 재판을 끝내버리는 것이 편하다고 생각하여 동의한 것이었다.

　피고 측 변호사와 피고는 자신들은 한 푼도 수수료를 줄 의무가 없다며 거부했다. 내가 수수료를 받으려면 계약을 200건 이상해야 한다는 수수료 유보조건, 즉 1000세대 중 20%인 200채를 팔아야 수수료를 지급한다는 조건을 제시했다. 그들은 당시 내가 쓴 총계약 건수가 200건에 미달하는 160건 정도여서 200건이 팔릴 때까지는 수수료를 지급할 수 없다고 계속 주장하였다.

　피고가 재판장의 화의 제안을 거부하는 바람에 항소심 2차 재판이 진행되었다. 피고는 1차 재판에서 패소하여 기분이 나빴는지 다른 변호사가 출정하였다. 4개월이 흐른 어느 날 그들은 또 패소하고 나는 2차 재판에서도 승소하였다.

2차 재판 이후에도 그들은 끈질기게 대법원에 3차 항고를 하였다. 시간 끌기 작전이며 이는 아마도 패소를 알면서 피고의 담당 변호사가 수임료 때문에 피고를 부추긴 것으로 보였다. 왜냐하면 피고는 법에 대해 잘 모르다 보니 1, 2차 민사소송에서 패소하면 대법원은 법리 검토만 하므로 나의 사건은 대법원에서 판결이 바뀔 가능성이 전혀 없었기 때문이다. 상고 한 달 만에 대법원판결은 바로 나왔다. '피고의 상고를 기각한다.'

피고는 원고인 나에게 수수료 원금, 연체이자·재판비용 등 ○○원을 지급하라는 판결문이 도달하였다 그 판결이 난 후 피고는 한 달이 지나 전액 배상하였다. 3차까지 간 피고의 결정은 바보스러운 짓이었다. 2차 재판 전에 화의를 승낙했으면 3천만 원에 합의되었을 것을 비용·이자까지 더해 피고는 나에게 4배의 금액을 지급하였다. 그 후 나는 피고에게 문자를 보냈다.

"사장님, 우리 문제는 이제 해결되었고 우리는 다시 사업 파트너 관계로 돌아갔습니다. 나는 아무런 감정이 없습니다. 좋은 현장이 나타나면 다시 함께 일합시다. 건승을 기원합니다."

다른 현장에서 다시 만나자고 한 화해의 문자메시지에 조금 있다가 "그럽시다"라고 답이 왔다.

나는 이 소송을 마치는데 코로나 사태로 인해 재판이 미루어져서 2년의 기간이 걸려 승소하였다. 그뿐 아니라 변호사 2명과 3차 재판까지 가 상대방 증인에게 질문도 하면서 나 홀로 변호사와 법적 다툼을 하였다. 그렇게 승소하고 나니 기분이 좋아지고 자신감이 상승하였다.

자주 일어나서는 안 되는 일이지만 분양과 수수료 미지급으로 인한 갈등은 수없이 많이 발생한다. 일한 만큼, 약속한 만큼 주고받으면 되는데 그렇게 되질 않는다. 특히 분양 판매가 잘 안 되거나 경기가 다운되는 시기에 이런 사건이 자주 일어난다. 수수료가 소액인 경우는 분양인이 스스로 수수료를 포기하고 다른 곳으로 옮긴다. 안타깝지만, 재판비용이 더 들 경우가 많기에 소액의 수수료는 아예 포기하는 것이다.

그 후 시간이 4년 흐른 2025년 1월 어느 날, 나는 부천경찰서에서 전화 한 통을 받았다. 그 경찰관이 강 사장과 아는 사이인지 묻는다. 그렇다고 대답하니 몇 년 전 강 사장이 나의 통장으로 돈을 입금한 사실이 있는데 이게 무슨 내용인지 물었다. 그래서 나는 못 받은 미

지급 수수료를 재판에서 승소하여 받은 돈이라고 대답하며, 그런데 왜 그러냐고, 무슨 일이냐고 물었더니 강 사장이 사망하였다고 하였다. 나중에야 2024년에 강 사장이 자다가 죽었다는 사실을 알았다. 본인은 사망했지만 돈 관계로 소송이 제기되어 있어서 조사하다가 나에게까지 연락한 것으로 짐작했다.

인생무상이다. 그리고 인간의 앞날을 알 수 없으니 안타깝다. 5년 전 법정에서 보았던 모습이 마지막 일 줄이야 상상도 하지 못했다. 강 사장의 명복을 빈다. 내가 아는 강 사장은 술을 좋아하고 고등학교 졸업 후 분양업계에 투신하여 초기에는 잘 나갔던 분양맨이라는 것과 ○○억 정도 투자를 받아서 분양대행사업을 했다는 정도가 전부이다.

계약을 잘 쓰려면 '상황'을 쳐라!

- 묻지도 따지지도 말고 사라

'묻지도 따지지도 말고 사라'는 양양전통시장 노점상이 외치는 소리였다. 이는 이성적이 아닌 한마디로 감정적 삶의 태도이다. 이 문구는 본인의 저서 〈사색의 시간〉에서 언급된 하버마스의 '詩人의 삶'에서 언급된 적이 있다.

전통시장에 가면 생선 장수 아줌마가 있다. 그곳에는 많은 종류의 생선들이 진열되어 있다. 내가 좋아하는 대표적 생선이 갈치(Belt fish)이다. 그 생선 가게 아주머니는 내가 갈 때마다 '5마리밖에 남지 않았으니 빨리 사라. 조금 있으면 완판되어 사고 싶어도 살 수가 없다'라고 긴장감을 준다.

정확히 이런 경우가 분양일에 있어서 상황을 친다고 하는 것이다.

다시 말하면 나는 안 팔아도 아무런 문제가 없지만, 당신은 지금 안 사면 살 수가 없으니 당신만 손해라는 식으로 계약을 유도하는 것이다. 나는 그저 갈치 한 마리 사러 왔는데 왜 갑자기 내가 불리한 상황에 부닥쳤는지 영문을 모르고 급한 마음에 서둘러 갈치를 사게 된다.

'좀 더 생각해 보고 살게요'는 상인이 가장 싫어하는 것이다. 자주 먹는 생선을 살까 말까 결정하는데 무엇을 더 생각한다는 말인가? 그 말은 부정적 어감으로 안 사거나, 돈이 없거나, 다른 것을 사려거나, 하기 위한 핑계인 경우가 많다. 그런 사람을 결정장애자라고 부르기도 한다. 물론 아내나 가족과 상의하여 충분히 검토하는 경우는 지극히 필요하고 당연하다. 그런데 생각해 보고 결정한다고 했을 때는 생각하는 것이 무엇인지도 모르고, 그저 '할까 말까 망설이는 나는 못난이'라는 유행가 가사 같은 경우가 많다.

아주머니 뒤쪽에 갈치 1박스가 슬쩍 보인다. 갈치가 아직도 100마리는 남아있다는 얘기다. 그러나 이 상황을 보고 우리는 생선 가게 사장이 사기 쳤다고 비난할 수는 없다. 5마리밖에 없다고 나에게 거짓말했지만 사실 그 뒤쪽에 보관돼 있던 갈치 백 마리는 시간이 조금 걸릴 뿐이지 평균적으로 오늘 다 팔릴 것이기 때문이다.

문제는 고객의 심리 상태이다. 갈치가 5마리밖에 남지 않았으니 사라고 하면 마음이 급해지겠지만, 갈치가 아직 105마리가 있으니까 사라고 한다면 고객은 급하게 서두를 이유가 없다. '옆집 한번 둘러보고 와서 사야지! 어 갈치가 상태가 안 좋은가 봐. 왜 이리 재고가 많이 남았지' 등등의 부정적인 생각을 할 수도 있다.

말 한마디에 따라서 갈치는 빨리 잘 팔리기도 하고 그렇지 않으면 천천히 늦게 힘들게 팔리기도 한다. 현명한 판매원이라면 어느 쪽을 선택하여 말할 것인가? 이것이 탁월한 판매의 기술이다. 즉 '상황을 치는 것'이 판매기술인 것이다. 이 세상에서 가장 좋은 약은 바로 '계약'이다.

생선을 잘 파는 사람은 '생선 장수', 보험상품을 잘 파는 사람을 '보험왕' 자동차를 가장 많이 파는 사람을 '판매의 달인' 분양을 잘하여 부동산 계약을 가장 많이 쓰는 사람을 우리끼리 '계약의 신'이라 부른다. 분양은 모든 영업 중에서 수수료를 많이 주는 영업 중 한 분야이다.

15 저마다 타고난 소질을 계발하자

- 콩 심은 데 콩 나는데, 팥 심은 데서 땅콩이 나올까?

부동산에 관심이 없거나 지식이 전혀 없는 문외한인 사람도 일당 5만원을 주면서 점심을 사주고 잘 교육하고 관리하면 외관상으로 1달 안에 부동산 전문가 냄새가 나게 그를 변화시킬 수 있다.

내가 처음 강남구 테헤란로에서 두세 군데 기획부동산을 출근하며 짧은 기간에 그들의 행동과 기법을 보고 느낀 점이다. 그 방법은 스파르타 기법이다. 그리고 돈맛을 보여주는 것이다. 손님 하나 데리고 와서 계약 하나를 쓰기만 하면 몇백만 원에서 수천만 원을 수당으로 받는다. 프리랜서이며 사업자이다. 샐러리맨이 아니다. 대부분 고소득자여서 종합소득세를 많이 내는 애국자이기도 하다. 물론 모든 분양인이 다 그런 것은 아니다.

다른 일도 마찬가지이지만 세상일은 열심히 하는 사람들이 성공하는 거지, 노력하지 않는 자는 성공할 수가 없으며 부자가 될 수 없다. 간단히 콩을 심어야 콩을 먹고 팥을 심어야 떡을 만들어 먹을 기회가 온다. 그렇지 않으면 기회조차 오지 않는다는 것이 세상의 당연한 이치 아니겠는가? 조용히 사색해 보면 간단히 알 수 있는 일이다. 가끔 주제를 파악하지 못하는 사람들 때문에 노력하지 않고 기대를 크게 하고 욕심을 부려서 일을 망치는 경우가 발생한다.

나는 건물과 땅과 관련한 부동산 일이 적성에 맞는다. 타고난 소질이 있나 보다. 누군가 어릴 적 말했다. 땅덩어리가 좁은 대한민국에서는 땅을 수입해야 하는데 땅은 돈이 있어도 수입을 못 한다.

그러니 나중에 돈이 조금 생기면 시내에 있는 야산에 싸게 나온 땅은 무조건 사두어라! 언젠가는 도시가 개발되며 시내 가운데 위치한 작은 야산들은 전부 사라져 갔다. 조금만 생각하면 예상되는 상식이었다.

시간이 흐르면서 도로가 포장되고 건물이 들어오고 철길이 생기고 도로가 신설되고 터널이 개통된다. 여기서 투자가치를 올리기 위해서는 남들과는 다른 눈으로 물건을 분석하는 시각이 필요하다. 그 예로 평창올림픽 1년 전 내가 구매한 강릉 오죽헌 뒤 단독 300평이 그런 예이다. 그 집은 내가 사기 6개월 전에 매물로 나와 있었다고 한다. 할머니 한 분 오래 거주하다가 서울 아들 집으로 이사하는 바람에 매물로 나왔는데 남향 언덕 위에 위치한 집이다.

뒤쪽에는 대나무와 아름드리 벚나무, 감나무 등이 있어서 집을 거의 가렸다. 소개한 부동산 중개사의 말에 따르면 그 집 아래 입구에서 보면 지붕과 대나무 등만 보이기 때문에 나보다 먼저 집을 사러 온 39명이 보고 바로 돌아갔단다. 왜냐하면 귀신이 나올 것 같이 을씨년스러워 보였기 때문이다. 특히 집이 10m 정도 길보다 언덕 위에 위치하고 집 주변에 축대가 없어서 흙들이 약간 흘러내려 불안해 보이는 문제도 있었다.

나는 그 집을 보고 5분 만에 서둘러 계약을 하였다. 해약이 안 되는 조건으로 말이다. 나의 눈에는 언덕 위에 위치하고 주변에 돌로 축대를 쌓으면 오사카 성처럼 멋있어 보였다. 또 가격도 저렴하며 정남향에 위치하였으며 집 마당에서 보면 100m 거리에 100년 이상 된 야산의 소나무들이 병풍처럼 보여서 전망이 아주 좋았다. 그뿐 아니라 도심과 너무 가까우면서도 차 소리는 들리지 않을 정도로 조용하고 혐오 시설도 없어서 공기도 좋았다. 흠잡을 게 없는 집이었다. 이런 나와 달리 나보다 먼저 이 집을 본 39명은 바로 포기하고 되돌아갔다.

나는 그 집을 산후 축대를 쌓고 리모델링을 하여 내부를 수리하였다. 돌계단으로 입구를 조성하고 집 주변의 커다란 나무들은 다 정리를 하여 깔끔하게 만들었다. 추가 비용은 들어갔지만, 그 집을 매수한 지 8년이 지난 지금 그 집은 매수한 가격의 최소 3배는 상승하였다. 이따금 내 집을 방문하는 친구나 지인들은 집 마당에 올라오면 조용하고 마당 앞의 소나무숲 전망, 집 뒤의 대나무숲이 너무 좋다고 한다. 집 입구 도로 앞에서 보았을 때는 잘 몰랐는데, 돌계단을 올라와 집 마당에 들어와서 바라보니 집의 위치가 너무 좋다고 칭찬을 한다.

내가 강릉 올림픽 전에 사 오죽헌 별장으로 쓰는 이 집은 내가 사기 전에는 30명의 매수자가 보고 갔다. 그분들은 대부분 겉만 보고 바로 포기하였다. 사람이나 집이나 외관만 보고 판단해서는 안 된다는 경험을 이 집을 통해서도 할 수 있었다.

한번 이런 경험을 하면, 분양 일만 보이고, 이 일에서 벗어나 다른 일을 하기가 쉽지 않다. 생각해 보면 알 수가 있다. 셀러리맨이 한 달에 월급을 500만 원 받는다면 분양인들은 계약 한 건 성사하면 500만 원에서 수천만 원을 받는다. 이렇게 비교하니 어떤가? 물론 분양인은 프리랜서 직업이다. 우리는 이런 경험을 '뽕 맞는 기분'이라고 한다. 이 실장이 이 일에 종사하며 출근한 지 한 달 만에 계약 두 개를 성사하여 수수료 1천만 원을 받았다고 하면, '아! 이 실장님 이제 뽕 맞았구나?' 하며 농담을 한다.

가끔 방학 때 아르바이트하러 온 대학생들이 이 모습을 보고 직장에 취업하지 않고 분양일에 입문하는 경우를 많이 보았다. 현수막 거는 아르바이트로 하루 10만원 받다가, 자기 상관인 팀장이 한 달에 몇천만원 버는 모습을 보면 갈등이 생기는 모양이다. 그렇다. 사람이 돈을 보고 욕심이 안 생기면 최영 장군이다. "황금을 보기를 돌같이 하라!"고 한 최영 장군은 그 당시에 황금이 많아서 그런 말씀을 하셨는지는 모르지만, 황금이 없는 사람에게는 이 말이 '귀신 씻나락(볍씨) 까먹는 소리'로 다가올 것이다.

16 수익형 부동산(원룸)은 닭(鷄), 땅(地)은 소(牛)다

- 달걀을 선택한 할머니의 편안한 노후

닭은 매일 알을 낳는다. 그래서 인간은 언제든 달걀을 먹으며 영양을 섭취한다.

옆에서 키우는 닭이 매일 매일 알을 낳아주면 얼마나 좋은지 닭을 키워보지 않은 사람은 알 수가 없다. 오피스텔 원룸도 매월 월세가 나오면 기분이 좋다. 달걀처럼 말이다. 월세가 달걀로 비유된 것이다. 상대적으로 적은 투자금으로 잘 활용하면 임대사업도 가능하다. 그리고 노후를 월세를 받아가며 생활하고 안락하게 보낼 수 있다.

필자도 5년 전 1억 대 초반에 산 오피스텔에서 매년 오백만 원씩 임대 수입(달걀)이 들어온다. 당시에는 분양 가격이 저렴한 편이서 여덟 채를 샀는데, 연금 이상의 금액을 받고 있다. 효자상품이 된 것이다. 그러나 우리는 소고기가 먹고 싶다고 하여 기르던 소를 잡아먹을 수는 없다. 소는 땅처럼 쉽게 팔거나 돈으로 바꾸기가 어렵다. 시간이 좀 걸린다는 뜻이다. 이처럼 땅에 대한 투자는 미래를 위한 투자이기에 그 열매는 투자자 후손들이 따먹는 경우가 많다.

나이가 육십이 넘어 노인이 되어가면서. 우리에게는 '소보다는 닭이 더 유용하다.' 이 말의 의미를 이제는 쉽게 이해하였을 것이다. 지금 당장 나에게 필요한 것이 무엇인가를 생각하면 쉽게 이 질문에 답할 수가 있을 것이다.

사람이 나이를 먹으면 돈이 필요해진다. 연금을 받는 사람도 있지만, 그것으로는 충분하지가 않고, 그나마 그것도 미리부터 준비 안한 사람은 받지도 못한다. 그래서 분양이나 부동산에 관심이 많은 사람은 원룸이나 투룸의 소형오피스텔을 선호한다. 동해안 바닷가나 역세권 오피스텔, 원룸은 임대수요가 많아서 짭짤하게 매달 월세가 나온다. 그것은 흡사 닭이 매일매일 알을 낳는 것과 비슷하다. 참고로 닭의 평균 자연수명은 10년에서 길게는 30년이라고 한다. 오피스텔 같은 수익형 부동산도 10년에서~30년 이상 계속해서 월세를 받으면 대박이다.

나도 분양일에 종사하며 5년 전 속초에서 분양받은 7개의 오피스텔이 효자 노릇을 하고 있다. 위치 좋은 곳에 있어 월세 수요는 끊임이 없어서 닭처럼 매달 알을 낳고 있다. 당시에는 구매 가격도 저렴하여 가성비는 더욱 증가하였다. 단점은 가격이 그렇게 크게 상승하지는 않는다는 점이다. 그러나 매도할 생각이 없는 사람에게는 정말 효자 같은 상품으로 다가온다.

　수익형 원룸 부동산에 비교하여 땅 투자는 고민을 더 한 후에 하여야 한다. 땅은 땅속이 보이지 않기에 땅속에 쓰레기 있는지, 굵은 모래가 있는지, 물이 있는지, 광물, 바위 등이 있는지 매수하기 전에 살펴보아야 한다. 땅속은 안 보이기에 땅속에 암반이 있는지 굵은 모래(마사토)가 있는지에 따라서 혹 산업 폐기물이 있으면 낭패를 당한다.

　내가 이전에 시행사업 중 경험한 시공사 현장 소장은 시공 전에 지질검사를 하지 않았다. 지하 5m를 파 내려가자 지하 15m까지 거대한 암반이 있어서 엄청난 공사비가 추가되었다. 공사 전에 지질검사를 하지 않아서 낭패를 보았고 문책을 당했다. 반대로 나는 우리가 판매한 아파트는 거대한 암반 위에 시공되어 지반이 튼튼하다고 홍보하였다.

아는 다른 분은 증여받은 야산을 매도하였다. 매수한 분도 아는 분이었다. 산을 뭉개버리고 건물을 지으려고 땅속을 파보니 흙들이 마사토, 황토 등 아주 좋은 흙들이 나왔다. 그래서 마사토만 따로 파서 원예업자에게 팔아서 공사비를 충당하였다 한다. 이렇듯 땅은 맹지인지 땅속에 무엇이 있는지 잘 살피고 검토한 후 매수하여야 한다. 땅은 속성상 쉽게 거래가 되지 않는다. 따라서 장기적으로 보유하거나 후손에게 상속할 계획도 세워야 한다. 장기적 안목을 가지고 투자하여야 한다는 것이다.

2025년 1월 나는 신기한 경험을 하였다. 날씨가 갑자기 추워진 때였다. 대통령이 체포되기 3일 전 나는 항상 하던 대로 하루에 한 번 달걀을 가지러 닭장으로 들어가서 알을 수거한다. 그런데 그날은 알이 없다. 이상하였다.

닭 8마리 중 2마리는 항상 닭장 울타리를 탈출하여 나와서 집 마당에서 놀다가 저녁때가 되어 어두워지면 다시 자기 닭집으로 들어간다. '파피용'이라 부르는 암탉이 졸졸 나를 따라온다. 현관 앞에 놓인 상자를 버리려고 들으니, 그 속에 달걀이 6개나 있다. 현관 앞에다 며칠 전부터 알을 낳았다.

나는 그 닭을 효녀 닭이라 명명하고 다음과 같은 자작 글을 지었다.

우리 집 효녀 닭

강 철

우리 집 암탉은
매일 닭장에서 알을 낳다가
갑자기 날씨가 추워지니까
닭집 울타리 개구멍으로
자기 집을 탈출한다.

그리곤 내가 거주하는 집 현관
문앞에다가 매일 알을 낳고
집 마당에서 놀다가 어두워지면
다시 자기 집으로 들어간다.

우리 집 효녀 닭은
날씨가 추워지니까!
주인님이 달걀을 가지러
닭장까지 올 필요 없다며
꼬끼오! 하면서 자기가 현관문 앞까지 와서
달걀을 낳고 간다.

하루에 2~3개씩

택배 기사처럼 배달한다.

그리고 도망도 안 가고 나의 주위를 맴돈다.

나의 눈을 바라보며

같이 놀아 달라고 나만 보면

전속력으로 나에게 달려온다.

때로는 언덕에서 날아서 달려온다.

전생에 너는 내 딸이었나 보다.

감동이 몰려온다.

앞으로는 머리 나쁜 사람을 비유적으로

표현할 때 쓰는 계두(鷄頭) 같다는 말은

사용하지 말고 대신

유(you) 석두라고 부를까 한다.

You는 石頭다!

우리 집의 닭을

사람들이 계두(鷄頭)라고 부르면

만약 똑똑한 우리 집 암탉이 듣는다면

열 받아서 내일부터

달걀 배달일 사표 낼 것이다.

그러니 앞으로 계두(鷄頭)란 표현은 삼가길

바란다.

우리 집의 닭은 주인인 내가 부르면

바로 달려온다, 때론

주인에게 날아서 달려온다.

양말도 안 신고 달려온다.

2015. 1. 10. 쓰다.

마른오징어도 쥐어짜면 물이 나온다

- 안 나오면 나올 때까지 짜요!

오징어 하면 OTT 넷플릭스에서 세계적으로 흥행한 〈오징어 게임 1, 2〉가 생각난다. 인생의 바닥으로 추락한 사람들이 목숨을 걸고 게임에 참가하여 상금을 타려고 생존투쟁을 벌이는 모습을 그린 작품이다. 그러나 나는 오징어 단어를 들으면 마른오징어가 생각나고, 주문진 건어물 시장에서의 마른오징어 다발이 떠오른다.

왜 그런지는 나도 모른다. '마른오징어도 쥐어짜면 물이 나온다'는 말에서 물은 계약을 의미한다. 계약이 그만큼 쓰기가 어려움을 의미한다. 그러니 쥐어짜듯 계속 노력하면 계약이 나온다는 것을 비유한 말이다.

그런런 일을 나도 경험하였다. 1년 전 홍보관을 다녀간 후 계약을 하지 않은 분들의 이름과 연락처도 모두 데이터베이스화되어 보관된다. 마른오징어처럼 말이다. 비가 주룩 내리던 어느 날 날씨가 안 좋아서 일할 수도 없고 하여 나는 그 전화번호부의 명단에서 손님을 골라 안부 전화를 건다.

그런데 한 분 반응이 좋다. 안 그래도 한번 거기 다시 방문하려 한다면서 본인이 땅을 상속받아서 이 아파트를 계약하러 올 예정이라는 것이다. 자기 땅을 매도해준 중개사와 함께 말이다. 그분도 수수료를 많이 벌어서 이번 기회에 자기와 같이 아파트를 하나 계약한다고 한다. 전화 한 통으로 졸지에 두 개의 계약이 나온 것이다. 이렇듯 시간이 조금 흐르면 가난했던 사람도 로또에 맞아 부자가 될 수 있고, 돈이 없거나 아파트 살 계획이 없던 분들도 자신의 처한 상황이 바뀌기 마련이다. 그래서 고객은 꾸준히 관리하여야 한다.

분양인은 계약만이 살길이다. 자주 외치고 힘(중국어, 짜요!)낸다. 계약을 써야 돈을 버는데 계약을 쓰는 것은 쉬운 일이 아니다. 마른오징어를 왜 짜야 하는가? 물이 필요해서이다. 그러나 마른오징어는 거의 물이 없다. 그러나 마른오징어 백 마리를 압축기로 짜면 물방울을 구경할 수가 있다. 그만큼 최선을 다해 노력해야 한다는 의미도 있다. 그런 자세와 태도를 가지면 계약이 나올 수밖에 없다.

내가 경험한 다음의 일이 그걸 증명한다. 마른오징어도 짜면 물(계약)이 나온다는 사례이다.

앞에 언급한 사례처럼 주문진 현장에서 일할 때 10명의 손님이 홍보관을 5개월 전에 다녀갔다. 그리고 그분들의 명단과 전화번호는 데이터베이스화하여 저장, 관리한다. 시간이 흐를수록 이런 자료는 마른오징어처럼 물이 고갈되어 계약이 나올 확률이 희박한 '오더'이다.

그렇지만 어느 날 온종일 비가 오고 일을 할 수도 없어서, 나는 5개월 전에 이곳을 방문한 고객들에게 연락하였고, 거기에서 계약이 나오는 것을 또 경험하였다.

18 대천 해변에서 북쪽 나무 많은 곳

- 위화도 회군 같은 결정, 남에서 북쪽으로

이성계가 결정적 순간에 위화도 회군을 하여 고려는 멸망하고 본인의 운명도 바뀌며 조선이 건국될 수 있었다. 개인도 마찬가지이다. 사업을 하든 직장을 다니든 자신이 하던 일을 정리하고 다른 곳에 진출하면 그 사람의 운명은 자동으로 바뀐다. 그 방향을 바꾸는 결심은 쉬운 일은 아니다. 확신과 결심, 대담성이 요구되는 일인 것이다.

나는 그동안 남쪽 지방에서 분양사업 일을 하며 시간을 보냈는데 어느 날 당신은 '북쪽 지방으로 가면 큰돈을 번다'는 점쟁이 말을 들었다. 하지만, 실행은 하지 못하며 그럭저럭 지내고 있었다. 그런데 운명은 나의 의지와 상관없이 바뀌나 보다. 대천에서 일하고 있었는데 당시에 강원 주문진에서 직원을 구한다는 소식을 전해 들었다.

마침 그곳 일도 정리단계여서 새로운 현장을 찾던 중 들은 소식이라서 우선 직원인 ○부장을 사전답사하라고 그곳 주문진 현장으로 보냈다. 그런데 그는 그곳이 좋다며 허락도 없이 바닷가 용꿈민박 펜션에 숙소를 예약하고 모두 빨리 오라고 한다. 나는 우리 직원들과 다음날 바로 강원도 주문진으로 출발하였다.

처음으로 북쪽 나무가 많은 지역에서 대박의 꿈을 꾸면서 강원도 생활이 시작된 순간이었다 그 시절 주문진 바닷가에서는 공유가 '도깨비'란 드라마를 촬영하고 있었으며 그곳은 지금도 명소가 되어 젊은 청춘들이 사진을 찍으려고 줄을 서서 기다리고 있다.

그 홍보관에서는 6개월을 일하였다. 처음 한 달간은 주문진이 강원도의 첫 현장이라서 적응 기간이 필요하였다. 계약도 잘 안 나오고 일하기 쉽지 않은 현장이었다. 연고 위주의 계약이 이루어지며 강원도 인맥들이 자기들끼리 움직였다. 우리 팀이 소돌바위 용꿈민박에서 생활한 지 두 달이 되어갔다.

조만간 추운 겨울이 올 것인데 이곳 주문진에서의 적응과정은 쉽지가 않은 것으로 파악되어 고민하던 중, 원주에서 일하자는 영업 제안이 들어왔다. 난 원주로 향하기 위해 짐을 정리하고 차에 물건을 신는 중 나를 부르는 소리를 들었다. 펜션 2층에서 창문으로 펜션 주인 청년이 나를 부르더니 어디 가시냐고 묻는다. 나는 자초지종을 말하지 않고 왜 그러냐고 되물었다. 그랬더니 그 펜션 사장이 오늘 아파트 한 개를 계약하고 싶다고 말한다. 좋은 층이 남아 있냐고 묻는다.

이건 또 무슨 상황이란 말인가! 주문진 현장을 떠나려 하는 순간에, 펜션 사장이 떠나는 날 나를 잡는다. 이날 그분은 1채를 계약한 후, 나에게 계약을 소개하는 파트너가 되었다. 그리고 그의 형, 사촌 형제들까지 많은 인척과 친구, 선배들을 고객으로 나에게 소개하였다.

그 일로 나는 주문진에서 3개월 더 있었다. 그리고 신기하게도 그날 이후 계약이 잘 나오고, 특히 앞에서 언급한 12월 동짓날 팥죽을 뿌리고 액땜한 다음 날부터 고구마 줄기를 잡은 듯 이십여 개의 계약이 성사되었다. 그렇게 수익을 올린 후 그곳 현장을 정리하고, 바로 강릉시 현장으로 진출한다.

그 이후의 여정은 이미 앞에서 언급한 대로 강릉 KTX역 앞 아파트 분양현장에서 전개된다. 주문진 현장에서 기억에 남는 일은 다음과 같다.

12월 동짓날이 되어 숙소 문 입구 벽에 팥죽을 뿌리고 신비한 경험을 하였다. 동짓날 팥죽 살포 이후 연이어 5일간 20개의 계약이 나왔다. 물론 그 집을 나올 때 집주인에게 도배 값을 물어 주었다. 이런 일도 자주 벌어지는 일은 아닌데 팥죽의 효험이 이렇게도 강한 것인지는 미처 몰랐다.

그날 이후에 나는 해마다 동짓날이 되면 팥죽을 사다가 현관문에 액땜하는 습관이 있다. 믿거나 말거나 나는 팥죽을 먹으며 그날 일을 생각하면 신기할 따름이다. 그리고 동치미와 팥죽을 맛나게 먹는다. 나는 신(神)을 믿지 않는 사람이지만 이 경험은 무엇으로 설명할 수 있을지 궁금하다. 과연 동짓날 액땜을 해준다는 우리 전통의 신들이 존재할까?

강원도에 처음 도착한 곳, 소돌 용꿈민박 펜션

- 동해 파도처럼 밀물(기회) 올 때 계약을 쓰자!

강릉에서 평창올림픽 개최 1년 전에 오죽헌에 둥지를 틀었다. 당시 올림픽 개최를 앞두고 강릉의 집과 호텔 숙소비 등이 엄청나게 상승하였다. 한마디로 월세 구하기가 쉽지 않았다. 방 하나 임대료가 월 1백만 원을 호가하였다. 그래서 생각한 방법이 차라리 구옥이라도 단독주택을 사서 고치고 살자는 것이었다. 며칠 동안 매수할 집을 구하기 위해 중개인과 현장방문을 하였다. 중개인이 데리고 간 집이 북향이어서 말도 안 하고 혼자 돌아오기도 하였다. 나는 집을 구할 때 방향을 먼저 본다.

한국인은 남향, 동향을 선호한다. 그 이유는 단독주택은 남향이 중요하다. 그 이유는 거기서 1년 살아보면 알 수 있다. 햇빛, 온도는 생활에 매우 중요하다. 내가 계속 그냥 가버리자 며칠 후 중개인이 전화해서 말한다. "사장님 집 보러 가실래요. 이번에 보러 가는 집은 정남향이기는 한데 수십 명이 가서 보고는 거절한 집이에요!" 그 말에 나는 "어디 한번 가서 봅시다" 하고는 가서 그 집을 본 후 10분 만에 계약하였다. 그 이후의 이야기도 앞에서 언급되어 생략한다.

주문진에서 사업을 정리하고 우리는 드디어 처음으로 강릉시에 입성한다. 그때가 평창올림픽 하기 1년 전이다. 2017년 드디어 강릉 KTX역 앞에서 ○○아파트 분양을 하였는데 너무 위치가 좋은 곳이었다. 운도 따랐다. 거기 현장에서 300개 아파트 중 100여 개를 우리 직원들이 계약을 성사하여 홍보관 오픈 1달 만에 완판이 되었다. 그 정도로 강릉 현장은 인기가 좋았다. 지금도 KTX가 연결되고 역이 개통되는 현장 근처에서 아파트나 오피스텔을 사두면 손해는 없을 것이다. 철길은 금도(金途)이기 때문이다.

거기서는 10개 팀이 이미 자리를 잡고 있어서 우리는 그곳에 어플라이를 했지만 다음 주 오픈하는 현장이라 이미 직원들이 꽉 차서 우리가 일할 자리가 없다는 대답을 들었다. 그곳 책임자는 우리를 후보에 올려놓을 테니 빈자리가 생길 때까지 기다리라는 말뿐이었다. 그곳이 역사 앞에 위치하여 워낙 입지가 좋아 단기간에 다 팔릴 거라고 모두가 예상할 수 있는 현장이라서 우리는 일할 자리가 없을 거라고 여기며 포기하고 있었다.

그런데 홍보관 오픈 2일 전에 전화가 왔다. 자리가 하나 급하게 생겼으니 빨리 오라는 것이다. 가보니 기존에 오기로 한 팀이 지방에서 오다가 교통사고가 나서 못 온다고 하였다. 우리는 그곳에서 팀을 차리고 그곳 400세대 아파트는 한 달 만에 완판이 되었다. 단기간에 목돈을 번 나는 그 후 강릉 왕산면 목계리 지역 골짜기 계곡 물이 흐르는 곳에 나중에 집 짓고 살려는 목적으로 땅을 사기로 하고 부동산 중개소 소개로 계약하였다. 잔금은 한 달 후 지급하기로 하였다. 계약 후 처음 시간을 내어 울릉도를 갔다. 울릉도도 가볼 만한 장소였다. 지금은 공항 공사 중이지만 그 당시 연락선을 타고 3시간 이상이 걸리는 거리였다.

휴식 후 한 달이 다 되어 잔금을 준비 중이었는데, 마침 소개한 부동산 소개소에서 전화가 온다. 계약을 취소한다는 것이다. 그 땅 주인인 할아버지가 변심하여 땅을 안 판다고 했다는 것이다. 그는 자신이 위약했으니 내가 지급한 계약금의 두 배 금액을 부동산에 놓고 갔다고 한다. 당시에는 황당하기가 이를 데 없는 경험이었다.

나는 땅 주인이 계약을 파기한 이유가 그의 손자가 땅값이 더 오를 거라고 말하며 만류했다는 이야기를 나중에 부동산 소개소에서 들었다. 나중에 확인해 보니 그곳은 눈이 많이 내리는 곳이며 폭설이 내리면 1주일간 왕래를 못 하는 경우도 발생하였다. 그곳 이장이 포크레인을 소유하고 있으며, 눈이 내리면 자기 집에 들어가는 길의 눈을 포크레인으로 치우다가 전복되어 간신히 살아났다는 신문 기사도 확인되었다. 본의 아니게 매도자가 계약을 취소하여서 나에게는 전화위복이 된 경우다. 이렇듯 땅은 매수하기 전 그곳의 역사, 날씨·기후 등 여러 가지를 확인하여야 한다. 그래야 나중에 낭패를 당하지 않는다. 모르면 손해를 보는 것이다. 그 일이 있고 난 뒤 산 집이 오죽헌 뒤 단독주택이다.

오죽헌 집은 부동산 소개소 중개로 매수하였는데 매수 후 들어보니 이 집을 39명이 매수하려고 보고 갔는데 사지 않았고, 사십 번째 방문한 내가 산 경우였다. 그것도 보자마자 바로 샀다는 사실에 부동산 소개소 사장도 의아하게 생각하는 눈치였다. 남향의 언덕 위 집인데 다른 사람들은 입구에서 집을 쳐다보면 집이 지붕만 약간 보였다. 왜냐하면 그 당시에는 집 주변에 감나무, 벚나무 등 큰 나무가 5그루 서서 집을 가리고 있었고, 집 뒤에는 대나무숲이 있었기 때문이다. 집 마당에 들어서면 귀신이 나올 거 같았다.

그곳은 원래 할머니 한 분이 살다가 서울 아들 집으로 가면서 1년 전에 매물로 내놓은 집이었다. 1년간 39명이 와서 보고 안 사고 간 집이다. 나는 그 집을 처음 보는 순간 남향, 언덕 위, 앞에는 소나무 숲, 전망이 좋았다. 그래서 보자마자 계약을 하고 잔금 지급 후 주변 나무를 제거하고, 집안은 모두 리모델링을 하였다. 또한 집 주변에 돌로 축대를 쌓아 안전하게 정리하였다. 그랬더니 그 이후 오는 사람마다 정말 멋있고 조용하고 아름답다고 감탄을 한다.

　매수 후 어느덧 팔 년이 지난 이 집은 가치가 3배 이상 상승한 효자 같은 물건이 되었다.

제주에서 백중(百中)사리 날 겪은 일

- 이 세상에는 불가사의한 일이 있다

2016년 강릉에서 소기의 사업목표를 달성하고 잠시 집에서 휴식을 취하던 어느 날, 지인이 제주에서 분양사업을 한다며 분위기가 핫하다고 빨리 오라고 연락을 하였다. 제주도는 많이 가본 곳이지만 너무 먼 곳이다.

결론부터 언급하자면, 나는 여행 삼아 휴식도 취할 겸 그곳을 방문하였으나 한 달도 못 되어 태풍으로 말미암아 바로 강릉으로 돌아왔다. 그리고 사업지의 인허가가 지연되어 일을 시작도 하지 못하고 사업을 접는 광경을 목격하였다. 순간 점쟁이의 말이 떠올랐다. '당신은 나무가 많은 북쪽으로 가서 일하시오. 그곳에서 일하면 성공합니다.'

본의 아니게 지인의 권유로 온 제주도는 나무도 적은 최남단이 아닌가? 북쪽과는 정반대이니 나에게는 사업적으로 실패를 경험하게 해준 것이다. 그 점쟁이 말이 떠오르며 순간 등골이 오싹함을 느낀다. 정말 인간의 운명이 정해져 있단 말인가? 다시 한번 궁금하지 않을 수가 없었다.

당시 나는 그곳 제주에서 무섭고, 신기하며 이상한 경험을 하였다. 어느 날 차를 운전하면서 서귀포를 갔다가 일을 보고 도동항 숙소로 돌아오는 저녁 8시경 그날은 백중날이었다. 나의 차 내비게이션이 가리키는 대로 평소에 운전하는 나는 어느 산속 삼거리 길에서 신호등을 보고 멈추었다. 평소 느낌대로 라면 나의 숙소로 가기 위해서는 분명 그곳 삼거리에서 좌회전하는 것이 맞는데 내비게이션은 당시에 오른쪽을 가르치고 있었다. 이상하게 느껴졌다.

스타렉스 차량이라 앞유리창으로는 날카로워 보이는 눈썹같이 생긴 초승달이 바로 눈앞에 낮게 섬뜩하게 떠 있었다. 마치 바로 나를 쳐다보듯이 보였다. 하는 수 없이 나는 내비게이션이 가르치는 오른쪽으로 천천히 운전했다.

도중에 나무가 강풍에 쓰러져 있어서 약간 무섭고 길이 점점 좁아지면서 으스스한 기분이 들었다. 약간 안개도 있어서 바깥이 잘 보이지 않았다. 나는 더 좁아지는 길을 따라서 계속 운전할 수밖에 없었는데 지나가다가 내려서 밖을 확인해 보니 그곳은 수백 개의 공동무덤이 있는 묘지공원이었다. 무덤들을 향하여 인사를 하고 다시 차에 올라타서 수백 개의 공원묘지를 지나서 돌아 나왔다

그리고 한 달 후 우연히 그곳 삼거리를 다시 지나게 되어서 삼거리 앞에 멈추어 내비게이션을 확인해 보았다. 이날은 정상적으로 왼쪽을 가르키고 있었다. 도대체 그날 무슨 일이 있었던 것일까? 지금도 도무지 풀리지 않는 수수께끼 같은 일이 그날 벌어진 것이다.

그날 우울한 영혼들이 외로워서 지나가던 차를 불렀는가? 백중사리처럼 달과 지구의 거리가 가까워서 중력이 서로 세게 작용하여 내비게이션을 헷갈리게 하였는가? 지금도 그 순간 일어난 일들이 궁금할 뿐이다.

21 속초해변에 찾아온 기회

- *사스로 망했지만, 코로나로 재기(再起)*

2020년 발생한 코로나 팬데믹은 분양인들에게도 공황의 상황을 가져다주었다. 손님의 발길은 점점 끊기고 계약은 줄어들고 경제 사정이 점점 나빠져 갔다. 그런데 코로나는 폐에 영향을 주고 감기와 비슷하게 감염되는 병으로 인식되어 공기 좋은 곳으로 사람들이 몰려들었다.

해외여행은 거의 금지되고 감염되면 외출도 금지되고 모두에게 공황의 상황으로 다가왔다. 이 와중에도 동해안 바닷가 호텔 펜션에는 장기투숙객이 늘어갔다. 숙박 시설이 점점 부족해지는 상황이 온 것이다. 서울에 거주하는 많은 노부부가 공기 좋은 강원도 동해안 바닷가 호텔에 장기간 거주하며 골프도 치면서 건강도 관리하기에 이곳은 그야말로 최적의 장소였다.

이런 영향으로 이곳 바닷가에 남아 있던 미분양 아파트와 오피스텔 등이 거의 다 팔려나갔다. 코로나 사태로 말미암아 경제 상황은 나날이 안 좋아졌지만, 분양시장은 오히려 날개를 달았다고나 할까?

동해안 바닷가에서 분양하는 생활형 숙박시설, 호텔들은 그 당시 불티나듯 잘 팔렸으며 한동안 속초, 양양, 강릉 등의 분양인들은 많은 소득을 올릴 수 있었다. 특히 KTX 개통이 다가오고, 서울 양양 간 고속도로가 개통되면서 많은 관광객이 이곳을 찾았다. 주말이면은 식당, 횟집 등 많은 집이 줄을 서야 입장할 수 있었다.

진풍경이 벌어진 것이다. 강원도가 강원특별자치도로 되면서 이런 현상들은 더 지속하였다. 정말 강원도의 힘이 느껴진 순간들이었다. 그러나 이런 현상도 오래가지 못하고 러시아 우크라이나 간 전쟁의 지속, 이스라엘과 하마스 간의 전쟁 발발로 경제 사정은 점점 우울하게 침체의 길로 접어들고 있었다. 물가는 2배 가까이 상승하고 건축자재들도 마찬가지로 급격히 상승하는 바람에 분양가격도 덩달아 상승하여 가격 저항으로 분양은 점점 힘들어져 갔다. 그리고 지금까지 불황이 지속하고 있다.

요즘 난생처음으로 계약금도 안 내고 계약 3년 후 준공한 다음에 입주하면서 잔금을 지급하는 조건의 분양 아파트들도 등장하였다. 원래 계약금을 내야 하지만 일단 외상으로 계약할 방법이 생긴 것이다. 실제로 계약금 10%는 누군가가 대신 무이자로 대납해주는 것에 불과하다.

이런 조건들은 준공 시에 잘만 되면 돈 벌 기회가 될 수도 있다. 반면 경기가 계속 안 좋은 상태가 장기간 지속한다면 이 방식은 잔금이 준비되지 않은 계약자에게는 위험할 수도 있음을 잊어서는 안 된다.

이런 문제는 경기상황과 연동되어 있어서 약간의 운도 따라줘야 돈을 벌 수 있고 시세차익도 남길 수 있다. 하늘의 보살핌이 필요한 것이다. 운칠기삼(運七技三), 즉 '운이 70% 재주가 30%'라는 뜻이다. 그러나 운구기일(運九技一), '운이 90%이고 재주는 10%'라는 표현이 더 정확하다. 이와 반대되는 개념이 우공이산(愚公移山)이다.

그러나 분양세계에서는 우공이산은 통용될 수가 없다. 이는 시간이 오래 걸리는 개념이다. 분양개념은 시간을 줄여서 빨리 건설이 시작되도록 돕는 작업이기 때문이다. 분양인에게 물건을 판매하는 기간은 빠르면 빠를수록 좋다. 영어표현으로는 'The Short Is The Best'인 것이다.

22 분양세계의 모함과 질투

- 사촌이 땅을 사도 배가 아프다는데, 하물며…

분양 영업은 치열한 전쟁이다. 자신이 아는 상가주인을 한번 방문하여 설명서를 주고 오는 것은 홍보이다. 그러나 두 번, 세 번 계속 찾아가서 설명하고 대화하며 그 상가주인이 미안한 마음이 느껴지게 만드는 것은 영업이다. 그래야 계약이 나올 확률이 높아진다. 그 과정에서 영업직원 간에 고객이 겹치기도 한다. 분양현장에서는 누가 계약을 가장 많이 쓰는지 경쟁이 벌어지곤 한다.

그래서 '계약은 인격이다', '계약만이 살 길이다' 등의 영업 화이팅 구호를 외친다. 최근 영업 현장인 강원도 ○○분양홍보관에서도 한 여직원 실장이 6개월간 80여 개 이상의 계약을 하여 수억 원 이상의 수익을 올리고 있다. 다른 분양인들도 열심히 영업하면 보통 연봉 수익이 1~2억 이상 번다. 고소득자인 분양인이 의외로 많다.

그런 직원들을 자세히 보면 남과 다른 점이 있다. 경쟁심은 강하지만 항상 웃으면서 지나가고 적극적인 마인드에 옷차림새가 단정하다. 분양세계에서 일등은 자존심과 돈이 달린 문제이기도 하여 고객 문제로 다툼이 자주 발생한다. 계약은 잘 쓰는 사람이 항상 어디를 가도 잘 쓴다. 그럴 수밖에 없다. 열심히 영업하는데 계약이 잘 나올 수밖에 없다.

서로 갈등이 격해지면 법적, 육탄전 싸움으로 번지는 경우도 종종 발생한다. 그 주요 이유는 상대방이 몰래 자신의 고객을 가로채 갔다는 것과 분양의 규정을 어겨서 자신들이 손해를 받는다고 생각하여 상대방과 논쟁하다가 싸움으로 번지는 경우가 대부분이다.

고객이 이 직원에게 상담받다가 저 직원에게 찾아가서 상담받을 경우에는 직원 간에 본의 아니게 다툼이 생길 소지가 있다. 국회에서 국회의원들처럼 서로 자기 말이, 자기주장이 옳다고 우기며, 타인의 말은 듣지 않는 경우와 같다.

분양현장에서는 계약이 바로 돈과 연결되기에 경쟁이 치열할 수밖에 없다. 우리나라는 어느 집단에서나 경쟁이 치열하다. 앞만 보고 달리는 경주마 같은 삶을 살아왔기에 모두가 상대방의 입장에서 서로를 바라보려는 노력이 부족하다. 경주마처럼 앞만 보고 달린다. 간단히 말하면 제로섬 게임인 것이다.

네가 죽어야 내가 산다. 적자생존의 세계인 것이다. 그래서 강한 자가 살아남는 게 아니라 끝까지 살아남은 사람이 강자가 되는 구조가 된다. 돈을 벌기 위해서는 어쩔 수 없는 방법이지만, 요즘 분양인들은 이전과 비교하여 볼 때 수준들이 많이 업그레이드되어서 서로 양보와 타협을 하며 문제와 갈등을 해결하는 모습을 현장에서 많이 목격한다. 아주 좋은 현상이라고 생각한다.

'강한 자가 끝까지 살아남는 것이 아니다. 끝까지 남은 자가 강한 사람이다.' 분양현장에서는 한 분양현장에 끝까지 남아서 일하는 직원들이 큰돈을 번다는 말이 있는데, 이는 경험으로 검증된 말이다. 건물이 준공되어서 입주하는 마지막까지 한 현장에서 일하면 계약자들이 찾아와서 자기 주변 사람들에게 소개할 것이며 또한 전매를 부탁하기도 한다. 그래서 가만히 앉아서 손님을 맞이하여 실적을 낼 수가 있다. 직접 손님을 유치하기 위해 밖으로 나가서 뛰어다니며 하는 영업활동은 이전에 비교하여 덜 해도 된다. 손님이 스스로 찾아오고 소개도 많이 나오고 그만큼 계약 쓰기도 쉬워지고 당연히 계약도 많이 쏟아진다.

끝까지 현장에 남아서 마지막 남은 오피스텔 물건을 판 경험이 천안에서 한 번 있었는데 그때의 즐거움은 말로 표현하기 어렵다. 그만큼 성취감이 크다. 그동안 고생한 직원들은 그 대가로 충분하게 수수료를 받아서 보상받는다.

완판한 현장은 전 직원이 해외여행을 가거나 지방에 콘도를 잡아서 파티하며 친목을 다진다. 다음 현장에서 함께 다시 일하기 위한 친목 도모와 휴식을 취하기도 한다. 보통 한 달 정도 휴식하며 재충전하는 것이다.

23 새옹지마(塞翁之馬) 같은 인생 반전의 순간들

- 착하게 살면 기회가 온다, 하늘이 보고 돕는다

　원래 '새옹지마'라는 말은 중국 고전 '회남자'에 나오는 유명한 고사성어이다. 불행이 행복이 되고 그 행복이 다시 불행이 되는 것으로 인간의 행복과 불행은 변수가 많아서 예측과 단정을 하기 어렵다는 말이다. 인생의 화와 복은 알 수가 없으니 만사에 일희일비하지 말고 경거망동하지 말라는 의미로 쓰이기도 한다. 운이 좋은 사람들은 울고 싶을 때 누군가 뺨을 때려 앞으로 넘어져도 코를 다치지 않는다. 그러나 재수가 없는 사람은 뒤로 넘어져도 코를 다친다는 것 아닌가?

　한 현장에서 불공정한 상사의 행위를 비판하다 강제로 쫓겨나서 다른 현장에서 많은 돈을 벌었는데 정작 나를 쫓아낸 그 현장은 한 달 만에 문제가 생겨서 분양일이 연기되며 문을 닫는 경우도 보았다. 그 당시 나를 쫓아낸 그분은 나에게 은인이 된 것이다.

이렇듯 인간의 앞날은 알 수가 없다. 분양세계에서는 네가 죽어야 내가 산다. 적자생존의 세계인 것처럼 보이기도 하지만 반드시 그런 거는 아니다. 상호 협조가 서로에게 이익을 가져다주기에 팀워크가 필요하기도 하다.

필사즉생(必死則生)이라는 말이 있다. 전쟁상황만이 아니라 인간이 마주하는 어떤 상황에서도 통용되는 말이란 생각이 든다. 끝까지 남은 자가 강한 사람이다. 인생사 새옹지마다. 그래서 '항상 즐거운 마음으로 감사하며 열심히 일하자'가 구호이다.

분양세계에서는 계약을 잘 써서 돈을 많이 벌면 여기저기서 견제구가 날아온다. 당연하지 않은가. 배가 아프기 때문이기도 하지만 그런 팀들이 있으면 자기들이 손해를 보고 자기가 계약 쓸 거를 빼앗겼다고 생각하기 때문이다. 그러나 이것은 엄밀하게 말하면 틀린 말이다. 능력이 부족하고 노력하지 않는 사람들은 어디를 가도 계약을 쓸 수가 없다. 이는 다년간의 경험에서 입증된 사실이다. 그러나 그들은 그렇게 생각하지 않고 견제구를 날리며 음모를 꾸며서 잘 쓰는 팀을 쫓아내려 시도하는 경우가 많다. 특히 마지막 완판이 보이는 현장에서 더욱 그러하다. 상대방이 없으면 나 혼자 다 팔 수 있을 것으로 보이기 때문이다. 실제로 그러한 경우도 있긴 하다. 자리가 삶을 만들기도 하듯이 말이다.

분양현장의 책임자들이 몇몇 직원들과 야합을 하면 엉뚱한 사람들이 영문도 모르고 짐을 싸서 쫓겨나는 경우도 생긴다. 그런데 정말 미래는 예상을 할 수 없다. 시간에 쫓겨서 또는 아파서 비행기를 놓쳤는데, 그 비행기가 추락하여 모두 죽는 사고가 발생한다면 그 비행기를 취소하거나 놓쳐서 못 탄 사람은 억세게 운이 좋다. 이것이 새옹지마 아닌가?

나도 몇 번의 분양사업을 하며 초기에 어느 현장에서 계약을 최고로 많이 쓴 적이 있었는데, 우리 팀을 제외한 나머지 팀들이 나만 제외하고 자기들끼리 차기 현장으로 이동한 경우가 있었다. 나는 치사한 인간들이라 생각하며 한 달 쉬다가 다른 현장에서 제의가 들어와 근무할 홍보관으로 분양 일을 하려고 직원들과 갔다.

그런데 원수들은 아니지만, 원수는 외나무다리에서 만난다는 속담처럼 나를 버리고 간 7명의 팀장이 내가 일하러 간 현장과 100m 떨어진 건너편 가까운 거리에 위치한 다른 홍보관에서 분양 일을 하고 있었다. 그들은 이미 일 인당 100개 이상의 계약을 썼다고 자랑하였다. 나는 그러려니 하며 나의 일을 시작하여 계약을 잘 쓰면서 사업이 잘 진행되었다.

어느 날, 건너편 홍보관 앞에서 수백 명의 계약자가 계약을 취소해 달라며 데모를 하고 있었다. 이게 웬 날벼락이란 말인가? 자초지종을 들어보니 그곳 현장에서 시행사가 건설사와 MOU만 맺고 분양을 시작하며 마치 시공사와 시공계약을 한 것으로 홍보하며 분양을 하였다는 것이다. 그 과정에서 MOU는 파기되었고 시공계약은 처음부터 체결하지 않은 상태로 협의만 진행 중이었다는 사실이 밝혀진 것이다.

시행사가 너무 앞서나가면서 시공계약이 체결될 거로 예상하며 일을 진행하였다. 결국 거기 현장에서 체결한 500개의 분양 계약은 모두 어쩔 수 없이 해지 처리되었다. 그곳에서 일한 직원들은 6개월간 일한 것들이 모두 무효가 되었다. 나를 제외하고 자기들끼리 달려간 현장에서 망한 것이다. 아리랑 가사에 '나를 버리고 간 님은 십리(육개월)도 못 가서 발병 난다'고 한 것처럼 발병이 나고 말았다.

그 후로 그들 중 어느 사람도 나와 길에서 마주치면 얼굴을 못 들었다. 다른 현장에서 나중에 만나면 나에게 운 좋은 분이라고 말한다. 이것이 전형적인 새옹지마이다. 또한 울고 싶은데 만약 누군가 옆에서 나의 빰을 한 대 때리는 이런 경우는 새옹지마인가? 아닌가?

고구마 줄기를 잡아라!

- 소개자를 잘 만나야 돈을 번다

부동산이 좋다는 말은 어떤 의미인가? 부동산은 돈과 관련되어 있고 돈이 머무는 곳이자 돈이 증식하는 곳이라는 의미라고 생각한다.

내가 사업에 실패하여 필리핀에서 귀국하여 〈삶과 죽음에 관한 생생진담〉에서 언급한 내용처럼 다시 재기하기까지 꼬박 10여 년의 시간이 걸렸다. 그 재기의 바탕에는 부동산 투자와 그 일을 하여서였다.

그런 이유로 나는 부동산을 좋아한다고 표현하였지만, 엄밀히 말하면 나는 실제로 부동산이 투자의 기회를 제공하고 잘 선택하면 부자로도 만들어 주지만, 잘못 투자하면 망하기도 하는데 나는 이 모든 상황을 좋아한다.

내가 필리핀에서 귀국 후 지방에서 일하며 전국 순회 생활을 할 때, 우연히 전주에서 용한 분에게 점을 보았다. 보자마자 그분은 나를 북쪽에 가면 사업 운이 뻗친다고 말해주었다. 특히 나무가 많은 북쪽이라 말했다. 그 이후 우연한 기회에, 나는 이름 말고 호를 지어서 불리고 싶었다. 백범 김구, 거산 김영삼, 후광 김대중, 운정 김종필, 도산 안창호, 율곡 이이, 퇴계 이황 등등 이렇게 말이다.

그러던 어느 날 강철(江哲)이라는 말이 생각났다. 江 자는 강원도 강자에 哲 자는 밝고 총명함을 의미한다. 강철의 의미를 '종합하면 강원도에 밝은 사람'을 뜻한다고 할 수 있다. 나의 이름은 하성(河成)이다. 어머니가 나를 출산하던 날 아침 이웃분이 자기가 생일이어서 그분이 가져온 미역국을 먹고 나를 낳았다고 한다.

인생역전의 활기찬 현장 그곳에서 활동하는 것이 나는 즐겁고 좋다. 지난 추석 시골 어머니와 함께 고구마를 캐며 고구마 줄기가 얼마나 단단한지 새삼 알았다. 그 줄기를 당기면 고구마가 주렁주렁 달려있다.

'고구마 줄기를 찾으라'라는 말은 소개자가 소개하여 쉽기 쉽게 계약을 많이 쓰는 것을 의미한다. 고구마 줄기를 잘 잡아서 당기고 관리하면 계약이 고구마처럼 쏟아지는 것이다.

고구마도 잘 수확하기 위해서는 원칙과 순서가 있다. 급하게 호미 들고 달려들어 고구마를 캐려고 하면 캘 수가 없을 정도로 힘들다. 먼저 고구마 줄기를 제거하고 난 후, 검정 비닐을 제거하고 그런 다음에 호미 들고 고구마밭을 살살 긁어야 고구마를 상처 안 나게 잘 캘 수가 있다.

고구마는 종종 분양계약으로 비유한다. 줄기는 소개자를 말한다. 내가 만난 소개자 중 주문진에 거주하며 요양원을 운영하는 분이 있었는데, 그분은 50개 이상을 소개하여 계약을 성사하였다. 요양원에 입원하신 부모를 면회하러 서울에서 오는 분들을 대상으로 아파트를 잘 소개하여 아파트 한 개 동의 호실을 다 판 것이다.

강릉에 거주하는 이 사장은 자신의 지인들에게 속초 바닷가로 점심 먹으러 가자고 권유하여 속초해변에서 식사 후 홍보관으로 손님을 데려온 다음 상담 후 30여 개의 계약을 성사하였다.

이런 고구마 줄기 같은 소개자들은 나름의 타고난 소질과 평소 유대관계가 좋은 인간관계를 유지하고 있는 분들이다. 제주에서 만난 소개자는 연휴 때 자신의 주변 이웃, 친구 등 8명을 데리고 와서 소개 계약을 성사하였다. 그분이 말한 카리스마 있는 말은 다음 한마디이다.

"나도 계약하였으니 너희도 해라!"였다.

나는 이런 계약자들을 잘 관리하기 위한 나름 감동을 주는 이벤트와 식사를 자주 하면서 상부상조한다. 그래야만 나의 분신 아바타 역할을 잘할 것이니 말이다.

트로트 경연에서 정동원과 장민호가 부른 파트너란 노래의 가사가 항상 마음을 울린다. 정말 분양사업을 하면서 소개자는 중요한 인생의 사업 파트너임을 깨달았다. 그들과 더불어 우리는 부자의 꿈을 향해 달려가는 것이다. 파트너의 역할에 따라서 인생의 성공과 실패 열쇠가 있다. 그만큼 파트너는 정말 최고로 중요한 사람이다. 분양사업에서도 소개자가 파트너 역할을 한다.

'일년 삼백육십오일 동안, 우린 멋진 파트너야! (파트너!) 많고 많은 사람 중에 최고, 둘도 없는 파트너야! 얼마나 기다리고 기다려서, 우리가 만난 거야! 첫눈에 딱 보는 그 순간 너는 이미 나의 파트너!'

명절날의 추억

- 졸면 죽는다. 근무 중 이상 무!

분양 일을 하다 보면 대표적 공휴일인 추석, 크리스마스, 설날이 돌아온다. 대부분 분양현장에서 이날은 휴관하기도 하고 안 하기도 한다. 하더라도 당일 하루만 휴관하는 경우가 대부분이다. 연속 공휴일이 이어져 방문 손님이 많아 계약이 종종 발생하기 때문이다.

10여 년 전 경험한 이야기 세 편을 소개한다.

필자는 당시에 사업 실패 후 회복기에 처해 있어서 놀지도 않고 일을 하였다. 남들이 놀 때 일하고 남들이 일 할 때도 일하고, 내가 쉬는 것은 추운 1월에도 가능하니까 비교적 한가한 겨울에 쉬면 된다는 정신으로 사업에 매진하였다. 남들처럼 명절 휴일 가족·친지들과 함께 보내는 것도 가치 있는 일이지만 그렇지 못한 상황에 부닥친 경우의 사람도 사실은 많다. 먼 훗날 미래의 행복을 위하여 조금 참는 것일 뿐이다.

8년 전 강릉의 어느 홍보관에서 추석 당일 근무하다 경험한 이야기이다. 당시 현장에는 2개 본부 10개 팀이 아파트 1,000세대를 팔면서 경쟁을 하고 있었다.

추석 당일 2개 팀(총 10명)이 출근하여 홍보관을 방문하는 고객을 상담하며 자리를 지킨다. 12시 점심시간이 되자 회사에서는 근처 고급 한정식집에 점심을 예약하여 교대로 식사할 수 있도록 하였다. 제비뽑기하여 고객 응대 순서도 정하여 놓았다. 그런데 다른 팀 직원들이 자신들의 고객 응대 순서임에도 불구하고 배가 고프다며 자신들이 먼저 점심 먹으러 갔다 올 테니 순서를 바꾸자고 제안한다.

나는 우리도 배가 고픈 건 마찬가지인데 자신들의 순서를 안 지키고 먼저 식사 가려고 하는 그들이 맘에 들지는 않았다. 하지만 자신들이 교대로 식사하면 될 것을, 명절 분위기 내려고 팀 전원이 함께 점심을 하려는 것 같아 그렇게 하라고 양보하였다. 결국 우리 식사시간은 1시간 늦춰지게 되었다.

12시 그때까지 홍보관을 찾아온 고객은 한 명도 없었다. 추석 명절 그것도 점심 식사시간에 누가 홍보관을 찾아오겠는가? 모두 그렇게 생각하고 있었다. 그들이 식사를 간 지 40분 후 지나서, 웬 중년의 여성이 홍보관으로 들어온다. 그리고 아들에게 아파트 하나 사준다며 몇 분간의 상담 후 바로 계약을 하였다.

계약 후 차 한 잔 마시며 그 고객은 자신의 남동생에게 전화하여 이 아파트가 잘 설계되어 좋다며 한 채 사라고 권유하였다. 그 동생도 낼 와서 보겠다며 좋은 층과 호실을 먼저 계약하라고 누나에게 부탁하여 대신 입금 후 계약서는 다음 날 작성하기로 하였다.

추석 점심시간의 짧은 순간에 두 건의 아파트가 팔린 것이다. 그리고 자신들의 대기 순서임에도 불구하고 규정을 지키지 않고 무례한 행동을 한 그 상대방 팀은 점심을 맛있게 한 후 우르르 홍보관으로 들어오다가 이 광경을 보고는 상황을 파악한다. 얼굴에 놀라고 화나고 열 받은 표정이 역력하다. 우리 팀 직원과 계약을 마친 고객은 차한 잔 마시고 인사 후 나간다. 좋은 물건 잘 설명해줘서 고맙다는 인사를 하면서.

나는 그 상대방 팀장에게 말했다. "자, 이제 우리도 식사 좀 다녀오겠습니다." 그러나 우리는 직원의 반만 식사하러 갔다. 나머지 인원들은 먼저 식사한 직원이 식사 마치고 오면 그때 가는 것이다. 홍보관과 일터인 이곳을 한순간도 방심하면 안 되기 때문이다. 언제 나의 손님이 올지 모르니 항상 철저한 경계를 하여야 하는 것이다.

군대에서도 전쟁에서 지는 군인은 용서할 수 있어도 경계근무 중 조는 군인은 용서할 수 없다는 말이 있다. 조는 순간에 항상 간첩은 넘어온다. 이런 추석 때의 경험은 사실 이전 군 생활에서도 경험하였다.

장교는 병들과 한 달에 한두 번 군대 입구 위병소에서 야간 당직을 선다. 거기서 나도 하룻밤 병들과 잔다. 어느 날 당직이 되어 말년 병장이 나에게 파티하잔다. 조만간 자기는 제대하니까 오늘 밤 기념 파티를 해달라는 것이었다.

라면 10개를 노란 양동이 세숫대야에 끓이고, 소주 일병, 그리고 낮에 바로 위병소 옆 바다에서 낚시로 잡아 놓은 볼락 생선을 회를 쳐서 준비하였다. 우리는 9시 넘어서 멋진 기억에 남는 그 병장의 제대 축하 기념잔치를 위병소에서 초코파이 케이크를 자르며 조촐하지만 성대하게 하였다. 그리고 나는 잠들었다. 병들도 근무교대를 하며 보초를 섰지만, 새벽 4시 근무조가 근무를 서면서 졸고 있었다. 날이

밝으니 위병소 근무 군인 4명의 안전모(철모)가 없어졌다. 우리는 당황하여 찾아보았지만 알 수가 없었다.

시간이 지난 후 당직실에서 연락이 와서 가보니 거기에 철모 3개가 있었다. 새벽에 중령 한 분이 약수를 뜨러 가다 위병소를 지나다 보니 위병들이 없고 다 잠들어 있었다고 한다. 그 상황을 본 중령은 기강을 잡으려고 철모를 가져간 것이었다. 그 중령은 "너희들은 어젯밤 전부 이 세상 사람이 아니었다. 전부 참수됐다"고 훈계하였다.

그 말을 들으니 내가 장교훈련소에서 4개월의 혹독한 훈련을 받고 온종일 바닷가 초소에서 당직 보초 근무를 설 때의 재밌는 일화 하나가 떠올랐다. 당시 사령관 이름이 이상무였다. 어느 날 그분이 훈련소를 방문하여 경계근무 중인 병사 앞으로 지나가는데 한 사병이 "근무 중 이상무!"를 외치자 이상무 사령관이 한마디 했다. "이보게 사병, 내이름 살살 불러! 고막 터지겠다!"

그 사건 이후 나는 절대로 내가 맡은 일에는 항상 규정대로 일하고 긴장을 놓지 않는다. 만일의 사태에 대비한다. 유비무환의 정신으로 말이다.

순간의 방심이 일을 망치지만 분양세계에서는 순간의 방심, 실수가 몇천만원의 금전적 손실을 가져다주기 때문에 뼈아픈 기억으로 남는다. 그래서 경험 많은 분양직원들은 분양의 규칙대로 철저히 행동하는 것이다.

어느 겨울 지방 아파트 분양현장에서 설 연휴를 맞이한다. 모두 설날 제사를 지내야 한다며 귀향을 한다. 연휴가 5일 정도로 길었다. 나는 설날 당일 잠깐 귀향 후 차례를 지내고 일터로 복귀할 계획을 세우고 공휴일 내내 근무한다. 롯데마트 5층에 거점 테이블이 설치돼 있는데 직원들이 아무도 없으니 난감하다.

설 전날이어서 마트는 엄청나게 붐비지만 관심 고객은 거의 없었다. 그래도 나는 한 사람만 잡자란 마음으로 일에 집중해보았지만, 허사였다. 6시 마감 시간 10분 전에 급하게 내 앞을 지나가던 아저씨가 되돌아와서 묻는다.

"이게 멉니까?"

"아파트요! 홍보관은 여기서 1킬로 떨어진 곳에 있으니까 내일 와서 구경하세요!"

더 자세히 묻는 그분에게 일단 내일 홍보관에 와서 보시라고 말한 후 연락처를 주고받은 후 그날 근무를 마감하였다. 다음날 12시까지 오기로 한 그분이 오지를 않는다. 차례를 지내고 아는 분이 와서 좀 늦는다고 말하며 그분은 1시쯤 홍보관에 아내, 딸, 아들까지 전 가족을 대동하고 나타났다. 그리고 한 채를 계약한다.

알고 보니 그분은 지역 통장이었다. 그 주변 많은 친구가 자신의 집 옥상에서 1주에 한 번 삼겹살 바비큐 파티를 할 정도로 술친구가 많다고도 하였다. 또 옆집에 숟가락이 몇 개인지도 다 알고 있다고까지 이야기한다.

나는 그분에게 소개를 부탁드리고 MGM(소개수수료)을 설명하였다. 이분은 남은 설 연휴 기간 아파트 8개를 소개하여 계약이 이루어졌다. 그는 마당발이었다. 그가 데리고 오는 손님들은 너도 하나 하라는 그의 말에 다 복종하였다.

설 연휴가 끝나고 직원들이 하나둘 다시 홍보관으로 복귀한다. 명절 휴일 한두 개 계약 나오는 거는 이해가 되지만 10개 이상 계약이 나오는 경우는 대박이었다. 모두 놀라고 부러워한다. 항상 이런 기회가 오는 것은 아니지만 언제 어디서 이런 일이 발생할지 모르기 때문에 우리는 항상 준비된 자세로 행동해야 한다.

분양직원은 경험이 많으면 많을수록 기회를 잘 잡고, 계약의 달성 가능성을 높이는 기술을 더 많이 보유하고 있다. 또한 끈기와 인내의 정신력도 계약 달성에 매우 필요하다. 꿈이 이루어지려면 노력해야 한다. 그것도 꾸준히 노력해야 한다. 실패를 경험해도 그것을 극복하고 경험을 쌓는다는 자세로 살아가야 한다. 그러면 성공은 머지 않아 누구에게나 다가온다.

11년 전 함박눈이 쌓여서 밤이 하얗게 보이는 익산의 오피스텔 분양홍보관에서 크리스마스를 맞이하였다. 12월 25일 마감 시각인 오후 6시 5분 전 어둑어둑해지는 늦은 시간에 쫓기는 듯한 부부가 홍보관으로 들어온다.

그분은 대학교수였다. 눈이 많이 와서 안 오려고 했는데 시간이 오늘밖에 없어서 투자 목적으로 한 개를 계약한다고 하였다. 근데 이 늦은 시각에 현장 공사 현장을 가서 본다는 것이다. 우리는 플래시를 들고 현장을 급하게 안내하여 공사하는 모습을 보여드리고 눈길을 조심하며 홍보관으로 돌아와서 늦은 시간에 계약서를 작성하였다. 메리 크리스마스! 기분이 좋아서 직원들 모두 함께 익산의 할머니 맥줏집에서 한잔하였다. 거기서 처음 본 오징어 안주는 처음 먹어보는 신기한 맛있는 안주이었다.

우리가 사는 대한민국은 좁고도 넓다! 우리는 아직도 모르는 게 너무도 많다. 이 좁은 나라에서 경험하지 못한 많은 일과 사건들이 존재한다. 이 세상은 너무나 넓다. 많은 신기한 경험을 하자!

이 봐! 해보기는 해 봤어?

- 가장 큰 인생의 실패는 실패해 보지 않은 것

인생에서 경험 부족으로 한번 실패하거나, 잘 몰라서 한번 실수하거나, 본의 아니게 상황이 꼬여서 한번 범죄를 저지르면, 선·악의 이분법적 시각에 익숙한 우리들은 그들에게 잘못하는 것이 한가지 있다. 그것은 이런 사람들을 낙오자, 실패자, 범죄자로 낙인찍어 버리고 무시하는 것이다. 한번 실패하면 그들의 삶은 재기가 불가능하며 인생 끝장난 것인가?

이런 생각이 문득 떠오른다. 한 번도 안 해보고 가만히 앉아 있는 사람은 실패자가 아니기에 비난받지 않고 살아간다는 것은 좀 이상하지 않은가? 사회발전을 위해 아무것도 시도하지 않고 관망하는 것이 더 좋단 말인가? 최소한 '난 시도했다'는 게 더 중요하지 않을까?

최근 김지은 기자의 〈우리의 실패가 쌓여 우주가 된다〉는 책을 읽었다. 내가 하고 싶었던 이야기들과 비슷하여 백번 옳다며 공감하며 읽었다. 여기 한 구절을 공유한다.

"역사는 승자의 서사이듯 우리는 이력서에 성공만을 적는다. 그러나 성공이라는 열매를 하나 맺기 위해서 우리는 얼마나 많이 실패를 경험 하는가?"

필자도 필리핀에서 이런 경우를 많이 목격하였다. 사업에 실패하여 진퇴양난에 처한 많은 사업가가 돈이 없어서 한국으로 돌아갈 수도 없고, 그렇다고 필리핀에서 살 수도 없는 경우에 처한 상태 말이다. 그들에게는 누군가의 도움이 필요하다. 그러나 도움을 주는 사람은 많지 않았다.

"차라리 필리핀에서 죽어라, 한국으로 오지 말고." 이런 말도 들었다고 나에게 고백한 사람도 있다. 그러나 인생사 새옹지마이듯 그는 죽지 않고 살아서 지금은 필리핀에서 골프장을 운영하며 떵떵거리고 산다.

우리는 말을 할 때 항상 상대방의 처지에서 생각해야만 한다. 역지사지(易地思之)의 입장에서 말이다. 뽕밭이 어느 날 푸른 바다가 되는 상전벽해(桑田碧海) 같은 상황이 인생을 살다 보면 항상 일어난다. 내가 밥을 먹고 살 정도의 수준만 되면, 남의 이야기에 귀 기울이고 이해하려는 태도는 어려운 것이 아니다. 항상 겸허하게 살며 남을 이해하고 도우려는 자세를 갖추도록 우리는 노력해야 한다.

윤 대통령이 2017년 3월 박근혜 대통령을 구속하고 이후 조국 부부를 구속하며 대통령이 되었지만, 불과 10년도 지나지 않은 시기에 본인은 대통령이 된 지 2년 여 지나서 바로 감옥에 갔다. 이보다 더 극적인 인생의 아이러니 새옹지마가 있을까?

이렇듯 인간의 앞날은 한 치 앞도 알지 못하기에 항상 착하게 살아야 한다는 교훈이 있지 않을까?

'실패'는 새로 정의되어야 한다. 심리상담 전문가들에 의하면 '실패는 해볼 만한 것', '해도 괜찮은 것', '실패 역시 삶의 새로운 순간'으로 정의되어야 한다고들 한다. 실패를 했다는 것은 최소한 무언가를 했다는 뜻이기 때문이다 머릿속에서 상상만 하는 것, 실천하지 않고 말로만 하는 것은 중요하지 않다. 해보라 실패해도 된다. 실패가 없는 사람보다는 실패를 경험한 사람이 훨씬 낫다. 왜냐하면 시도 없이는 성공할 수 없고, 실패 후에는 성공할 가능성이 더 커지기 때문이다. 실패한 사람의 실패 경험을 듣게 되면 듣는 사람의 마음을 바꿀 수 있다. 가장 커다란 실패는 무엇인가? 곰곰이 생각해 보면 그것은 '실패하지 않은 삶을 산 것'이라는 점을 알 수 있다.

우리의 실패가 쌓여서 우주가 된다고 한다. 실패하지 않은 자! 당신은 우주에 무엇을 남겼는가? 혹 성공하기 위하여 경주마처럼 앞만 보며 달리지는 않았는가? 달리면서 당신의 말이 끼친 피해를, 이제는 거울 앞에 서서 자신의 얼굴을 보면서 반성해 볼 때가 되었다. 그리고 무엇을 할 것인가? 결단을 내려야 한다. 우리는 모두 흔적 없이 이 세상을 떠나가는데, 그래도 타인으로부터 원망보다는 칭찬의 소리를 듣는 게 마음이 편하기 때문이리라!

요즘 우리는 AI 시대를 살아가면서 착각에 빠지는 경우가 있다. 그것은 로봇과 기계가 사람보다 더 똑똑하다고 생각하는 경향이 있다는 점이다. 그러나 생각해 보라. 인간이 만든 로봇과 기계들이 과연 인간의 능력을 넘어설 수가 있을까? 인간의 사고가 더 중요하며 인간은 타인들이 사물을 보는 방식과 견해를 서로서로 비판할 줄 안다. 그러면서 더 창조적으로 나아갈 수 있다. 과연 로봇과 기계가 그런 비판적 기능과 사고를 할 수 있을까? 로봇이 로봇을 의심하며 다른 행동을 할 수가 있는가?

다음의 물음에서 인간의 몰입특성을 알 수 있다.

먼저 '당신은 요즘 데이트를 몇 번 했나요?'라고 묻고 다음에 '요즘 당신은 행복한가요?'라고 질문하면 대부분 인간은 '나는 행복하다'고 대답한다고 한다. 사실 데이트와 행복이 직접 연관성이 없는데 말이다.

이와 반대로 먼저 '요즘 행복한가요?'라고 질문한 다음에 '요즘 데이트를 몇 번 했나요?'라고 순서를 바꾸어 물으면 '나는 행복하다'고 대답하는 숫자가 확 줄어든다는 연구 결과가 있다. 인간은 몰입하여 한 가지를 깊게 생각하는 경향이 있다는 사실을 이 결과가 보여준다.

인간의 본질은 재미를 추구하는 면이 있다. 필자가 20년 전 한양대 관광대학원 경영자 과정을 다닐 때 들은 롯데제과 임원의 다음 말이 갑자기 떠오른다. 20년 전인 당시에는 지금보다는 그분의 말이 조금 의미가 다르게 전달되었다.

"요즘 젊은이들은 과자를 배가 고파서 간식으로 먹는 것이 아니라 재미로 먹는다."

이런 흐름을 파악한 당시 그분의 회사에서는 과자 봉지들을 컬러 풀하고 디자인도 신경을 써서 눈길을 끌도록 제작하고, 봉지를 부풀어 오르게 하여, 모양도 이쁘게 만들었다고 한다. 단순히 먹는 것으로만 생각했던 과자 한 봉지에도 이런 창조성이 담겨 있음을 알 수 있었다

우리는 항상 내 생각을 바꾸고, 타인의 생각을 의심하며 창조적 아이디어를 추구하여야 한다. 그러면 이분법적 사고방식에서 벗어나 나, 친구, 이웃, 사회, 세계, 지구, 우주로 시야를 넓혀서 그 속에서 나의 존재와 주변 관계를 심오하게 성찰할 수 있을 것이다. 앞만 보고 달리는 경주마가 아닌, 나란히 손잡고 달리는 그 모습을 상상해 본다.

27 대단원의 마무리

- 마지막 파티

    필자는 〈사색의 시간〉에서 '인간이란 무엇인가? 나는 누구인가?'로 시작하며 사색의 고민을 해보았다. 그리고 〈삶과 죽음에 관한 생생 진담〉에서는 그런 인간인 우리들이 필연적으로 마주치는 죽음의 문제에 대해서 고민하였다.

    마지막으로 〈인생역전 분양신화〉에서는 이렇게 죽음을 달고서 살아가는 우리 인간이 죽기 전에 돈을 벌고 삶을 영위하기 위한 각자의 삶의 수단에 관하여 생각해 보았다. 그것은 직업이기도 하며 생존의 수단이다. 그리고 그것은 나의 인생을 규정지으며 살아가는 데 도움을 준다. 나에게 그것은 부동산 개발·시행, 분양사업이었다. 그것을 빼놓고는 지금까지 나의 삶을 말할 수 없으며 나의 인생을 논할 수도 없다.

사업하면서 만나고 협력하고 때론 재미있게 놀았던 기억에 남는 인간들과의 경험담을 중심으로 나의 살아온 이야기들과 필리핀에서 죽을 뻔했던 이야기 등, 생생한 나의 경험을 전개하였다.

여기서 언급된 이야기들은 사실에 기반하지만, 오래전 이야기들이어서 나의 기억의 오류로 와전되어 전달될 수도 있다는 생각이 들었다. 그런 이유로 여기서 언급된 내용의 진위는 독자의 상상에 맡긴다.

이 글을 재미있게 읽으며 혹 독자들에게 불면의 밤이 오면, 사색의 시간으로 가는 계기가 되었으면 하는 바람이다. 읽고, 느끼면서 필자의 소설 같은 삶의 경험에 대하여 공감하여 준다면 필자는 더 이상 바랄 것이 없다.

이 책을 읽은 분들은 자신의 남은 인생을 어떻게 하면 활기차고 후회 없이 보람차게 살 것인가? 생각하며, 남은 인생을 리모델링 하는 계기로 활용하길 기원한다. 또 가벼운 나의 인생 경험담이 독자의 삶에 실패의 경험을 줄이고 성공의 길로 안내하는 길잡이가 되길 희망한다.

즐거운 인생, 최선을 다해 즐기고 사랑하자! 고대 라틴어의 명언처럼, 너의 운명을 사랑하고, 항상 죽음을 기억하며, 현재를 즐기자!

마지막으로 필자는 구상 중인 〈사색의 시간〉 시리즈 제4권을 2025년에 마무리할 계획이다. 인간은 이 세상에 태어나면 1년 후 처음으로 탄생을 축하하는 '돌잔치'를 한다. 이 잔치처럼 인간이 죽기 전에, 즉 장례식장이 아닌 살아있을 때 모든 가족, 친구 등과 함께 '마지막 인생 쫑파티'가 필요하다는 생각이 든다.

4권에서는 이에 관한 사업 이야기를 구상하면서 아이디어를 구체화하는 내용을 담고자 한다.

인생역전 분양신화

– 사색의 시간 3: 고진감래 경험담

펴낸날 2025년 3월 14일

지은이 박하성
펴낸이 주계수 | **편집책임** 이슬기 | **꾸민이** 최송아

펴낸곳 밥북 | **출판등록** 제 2014-000085 호
주소 서울특별시 마포구 양화로 156 LG팰리스빌딩 917호
전화 02-6925-0370 | **팩스** 02-6925-0380
홈페이지 www.bobbook.co.kr | **이메일** bobbook@hanmail.net

© 박하성, 2025.
ISBN 979-11-7223-068-5 (03190)

인생 생
역전
———
분양
신화 辛話